【文庫クセジュ】

洞窟探検入門

エリック・ジッリ著
本多力訳

Que sais-je?

白水社

目次

序章　人間と洞窟

未知への探究は人間の深層心理と深く結びついている。人間は自分以外の支配領域を恒久的に自分のものにしたいと思い、あらゆる種類の新しい地平線を探し求める。まだ発見されてない場所があれば、そこに到達するのに必要な手段を手にいれるという課題も生まれる。こんにち、人類の冒険は宇宙に向かっている。しかし、地球上にはまだ多くの知られざる場所がある。深海底はもちろん、奥深い地底もある。その地底こそが、洞窟学の領域なのである。

かつて同じくクセジュ文庫で二十世紀末の洞窟学の定義づけを行なってみたことがある〔『洞窟学』、未邦訳〕。探検の目的と動機については人さまざまであり、結局は、人間の入ることができる空間へのアプローチということになる。簡単にいえば、人間による地下世界の訪問ということである。洞窟探検および科学に基づく洞窟学的な研究とならんで、すでに完全に探検しつくされた洞窟に対しては、観光を唯一の目的としたスポーツの一分野としての展開もある。

この本は、〔スポーツとしての〕洞窟の探検法に関するものであり、洞窟学者や地底を専門とする地理学者が未知の領域に対峙したときに、その広がりや性質を知りたいときに必要となるものである。そのためには多くの技術を使うことになる。まずは前進してゆく技術、これは地下環境におけるあらゆる障害を乗り越えるためであり、次に観察と記録の技術である。探検家や科学者に続いて、スポーツとしての訪問者に門戸を開放するためには、発見したことを一般に広めてゆく必要がある。

探検の目的はさまざまであるが、洞窟探検家は昔から数多く存在する。

そのなかで、フランス人、エドアール・アルフレッド・マルテル（一八五九～一九三八）が、洞窟学の創始者として一般に認められている。彼は、一生のほとんどを洞窟の体系的な踏査に捧げた。マルテルは必要な技術を集大成し、多くの著述をとおして、地下世界の多様さと特殊性を、大衆に向けて大いに啓蒙した。これにより、以後、多くの探検家に道が開かれたのである。

マルテル以後、二十一世紀が明けるまで、洞窟学の発展に貢献してきた多くの人びとについてここで述べるのは不可能である。人びとは、クラブあるいは協会のなかで、団体（フランス洞窟連盟、フランススカウト連盟、フランス山岳クラブなど）として行動し、その多くはむしろ無名と言ってよい。しかし、現在でも使われている道具を発明したロベール・ド・ジョリ（一八八七～一九六八）の名前を挙げないわけにはいかない。ノルベール・カステレは、多くの洞窟小説を書くことにより、たくさんの若き世代を洞窟に引きつけた。ピエール・シュバリエは、アルパインスタイル洞窟探検の先駆者として、闇の扉を開いた。最近では、一九六〇年代にB・ドレスラーとF・ペツルが、それぞれSRT（シングルロープテクニック）のディッセンダー、ストッパーを発明し、そのおかげで、アルパインスタイル技術の驚くべき飛躍がもたらされた。それによって、現代の探検技術の限界をはるか遠くに押しやったのである。

表1　洞窟探検の歴史

洞窟内での人類の存在	
前900000年	バロネ洞窟（ロックブリューヌ県，フランス）
前450000年	トタベル人（ピレネー・オリエンタル県，フランス）
最初の洞窟探検	
前31000年	ショベ洞窟（アルデッシュ県，フランス）
前27000年	コスケ洞窟（ブッシュ＝デユ＝ローヌ県，フランス）
前15000年	ラスコー洞窟（ドルドーニュ県，フランス）
洞窟学のはしり	
1400年	アルシー＝シュル＝キュール洞窟の探検（ヨンヌ県，フランス）
1642年	中国明代の地理学者徐霞客が中国の250の洞窟を記述
1673年	アンテイパロス洞窟の探検（ギリシア）
1689年	バルバソールがスロバキアの洞窟を探検
1748年	ナーゲルがマコチャ洞窟でマイナス138メートルに到達（チェコ）
1770年	ロイドがヘルドンホール洞窟を探検（イギリス）
1780年	マルソリエがデウモアゼル洞窟を探検
1841年	リドナーがトレビック洞窟でマイナス329メートルに到達（スロヴェニア）
1854年	シュミットルがポストニャ洞窟を探検（スロヴェニア）
洞窟学の誕生	
1888年	マルテルがブラマビョウ洞窟を踏破
1933年	ツウロンブがオートガロンヌ県にてはじめてシングルロープ技術を使用
1956年	ベルジェ洞窟でマイナス1000メートルに到達（イゼール県）
1972年	マンモス洞窟が297キロメートルに達する
1968年	ラスゴロンドリナス洞窟の360メートル深さの井戸でシングルロープテクニックによる探検（メキシコ）
1983年	ル・グエンが洞窟潜水により10キロメートル往復（ヌラボーア，オーストラリア）
1983年	ハセンマイヤーがラフォンテーヌ・ド・ボキュルーズ洞窟でマイナス205メートルに潜水
1993年	エクスレイがリオマンテ洞窟でマイナス264メートルに潜水（メキシコ）
1996年	ゴメスがブッシュマンガット洞窟でマイナス283メートルに潜水 （南アフリカ）
1997年	ゴーシュがパデイラック洞窟地下川（16サイフォン）を潜水で踏破

表2　100年間の深度世界記録

1909年	−376メートル	ニーデンロッホ洞窟	スイス
1923年	±464メートル	ゲデウロッホ洞窟	オーストリア
1934年	−480メートル	コルチア洞窟	イタリア
1944年	±549メートル	ダン＝ド＝クロール洞窟	フランス
1953年	−689メートル	ピエール＝サン＝マルタン洞窟	フランス
1954年	−903メートル	ベルジェ洞窟	フランス
1956年	−1122メートル	ベルジェ洞窟	フランス
1966年	−1171メートル	ピエール＝サン＝マルタン洞窟	フランス
1979年	−1350メートル	ジャン＝ベルナール洞窟	フランス
1990年	−1602メートル	ジャン＝ベルナール洞窟	フランス
1998年	−1610メートル	ミロルダ洞窟	フランス

表3　世界の総延長記録

1802年	マンモス洞窟の探検着手（アメリカ）	
1960年	71キロメートル	マンモス洞窟
1972年	297キロメートル	マンモス洞窟（フリントリッジ洞窟との結合）
1994年	550キロメートル	マンモス洞窟――フリントリッジ洞窟
1997年	563キロメートル	マンモス洞窟――フリントリッジ洞窟

図1　探検された大深度洞窟の数

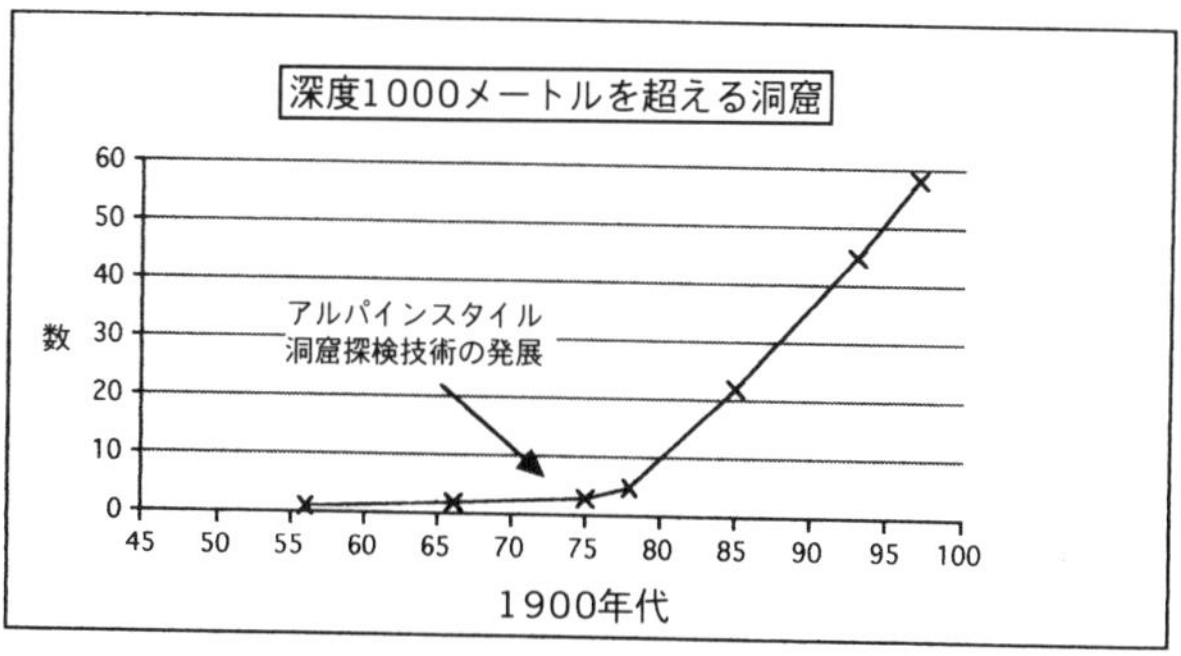

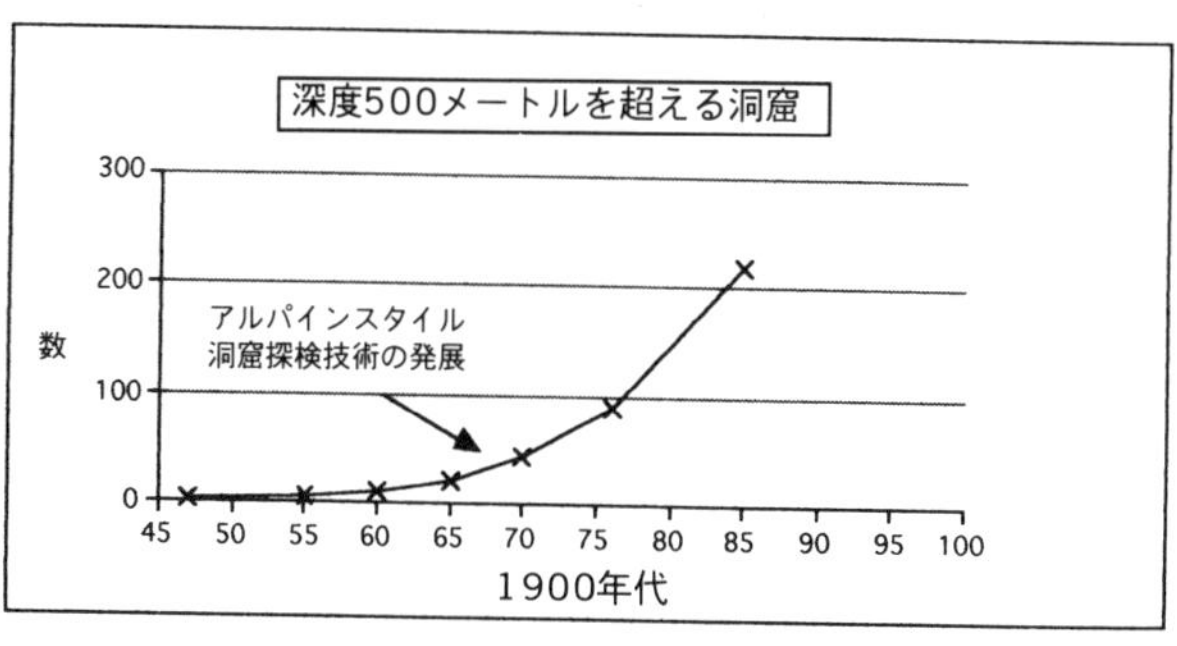

表4　深さのベスト20（洞窟名，国，高低差，長さ）

1. ミロルダ洞窟，フランス，1610メートル，12000メートル
2. ジャン＝ベルナール洞窟網，フランス，1602メートル，20000メートル
3. ランプレヒツオフェン＝ボーゲルシャフト洞窟，オーストリア，1532メートル，44000メートル
4. ヴァチェスラフパチュキナ洞窟，グルジア，1508メートル，5530メートル
5. システマ・ウオウトラ洞窟網，メキシコ，1475メートル，56700メートル
6. システマ・デ・ラトラベ洞窟網，スペイン，1441メートル，9167メートル
7. ボイ＝ブロク洞窟，ウズベキスタン，1415メートル，14270メートル
8. ラミナコ・アテアク（BU-56）洞窟，スペイン，1408メートル，14500メートル
9. トルカ・デル・セッロ洞窟，スペイン，1400メートル，2685メートル
10. ルキナ・ジャマ＝トロジャマ洞窟，クロアチア，1393メートル
11. シェーブ洞窟網，メキシコ，1386メートル，22499メートル
12. エヴレン・グナイ・デウデニ洞窟，トルコ，1377メートル
13. スニツナヤ洞窟，グルジア，1370メートル，19000メートル
14. チェキ2（チェヒ2）洞窟，スロベニア，1370メートル，3959メートル
15. ピエール＝サン＝マルタン洞窟，スペイン／フランス，1342メートル，53900メートル
16. ジーベンヘングステ＝ホッホガント洞窟網，スイス，1340メートル，140000メートル
17. コサノストラロッホ＝ベルジェー＝プラーテネック洞窟，オーストリア，1291メートル，30000メートル
18. ベルジェー洞窟，ラフロマージュ洞窟，フランス，1278メートル，30000メートル
19. トルカ・ドス・ロス・レベコス洞窟，スペイン，1255メートル，2228メートル
20. ポゾ・デル・マデユーノ洞窟，スペイン，1254メートル，2852メートル

表5　長さのベスト２０（洞窟名，国，高低差，長さ）

1. マンモス洞窟システム，アメリカ合衆国，116メートル，563270メートル
2. オプテイミステイチェスカヤ洞窟，ウクライナ，20メートル，191500メートル
3. ジュウエル洞窟，アメリカ合衆国，212メートル，174000メートル
4. ヘルロッホ洞窟，スイス，941メートル，175150メートル
5. レチュギア洞窟，アメリカ合衆国，496メートル，143853メートル
6. ズイーベンヘンツエ洞窟，スイス，1340メートル，140000メートル
7. フィッシャーリッジ洞窟システム，アメリカ合衆国，88メートル，132200メートル
8. ウインド洞窟，アメリカ合衆国，172メートル，129360メートル
9. オゼルナジャ洞窟，ウクライナ，20メートル，11100メートル
10. グア・アイル・イエルニ洞窟，マレーシア，355メートル，10900メートル
11. オヨ・グアレナ洞窟，スペイン，？メートル，97400メートル
12. ラ・クオモ・デイヨルネド洞窟網，フランス，1018メートル，94843メートル
13. ゾリューシュカ洞窟，ウクラウナ／モルダビア，30メートル，90200メートル
14. ピュリフィカシオン洞窟システム，メキシコ，957メートル，89927メートル
15. ヒルラーツヘーレ洞窟，オーストリア，1041メートル，84992メートル
16. トカ・ダ・ボア・ビスタ洞窟，ブラジル，？メートル，71500メートル
17. ルイヒャーカーヘーレ洞窟，オーストリア，725メートル，70000メートル
18. フライヤー・ホール洞窟システム，アメリカ，188メートル，69997メートル
19. イーズ・ギル洞窟システム，ランカスター洞窟，英国，211メートル，65000メートル
20. ノボナチ洞窟，メキシコ，73メートル，64000メートル

洞窟は、こんにちでは比較的簡単な方法でアクセスできる希有な場所の一つである。洞窟に行くのにはほとんど危険はないが、逆に、洞窟探検家によって洞窟が荒らされてきている。百万年の水と岩の戦いの歴史の結果である洞窟は、人が入るたびにその無垢な部分を失ってゆく。ほかの自然環境とくらべてきわめて脆弱であるため、地下世界は保護する必要がある。洞窟はそのきわめて美しい光景のなかに、地球を昔支配していた過ぎ去った環境状態に関する多くの情報を秘めている。それぞれの洞窟がかけがえのない宝に満ちた自然史保管庫なのである。洞窟研究とスポーツとしての洞窟探検は一九四五年以降、急激な増加を見せている（図1参照）。

この本は、読者が地底に入るときにまず自覚しなけらばいけないことや警告からはじめている。地底の世界はきわめて脆弱な聖域に満ちあふれている。もしも私たちの子孫にこのあるがままの姿を伝えたいのであれば、保護することが絶対に必要である。あるアメリカの洞窟では、何ひとつ地底に捨てることが許されていない。糞尿もゴミも、すべて地表に持ち帰らねばならない。黒い靴底の靴はしかるべき所では履くことが禁止され、脱いで通らなければならないし、すべての人が地底に行けるわけではない。洞窟探検の大事な心得とは、決められた規則を守ることにつきるのである。

第一章　洞窟をさがす

I　聞き込み調査

山岳とちがって、洞窟は、入って始めて研究の対象となる。洞窟の入り口が発見されて探検が始まるその日がくるまで、洞窟の秘密は暴かれないままである。たいていの場合、入り口は塞がれているので、洞窟探検の手始めはまず入り口をつくること（ディギングを行なうこと）である。まだ探検されていない地域では、住民に対する聞き込み調査が洞窟発見のための最初の手段である。猟師、漁師、牧童は、無尽蔵の情報源である。地方によっては、村の飲み屋とか村の重要人物の集会とかに行けば、探検の目的を達成するための知識や、案内人に関する情報を集めることができる。一般に、唯一、最も明白な洞窟の存在は、そこの原住民に知られているものであるが、系統的な調査によって新しい洞窟を発見することもできる。

ある地方に関心をもったとしよう。最も理にかなった正しい出発点は、その地方の洞窟探検グループとまず接触することである。その連絡先は、国際洞窟学連合や、各国の洞窟学会、大使館の文化交流部に問い合わせるとわかる。それでもだめな場合は、各地の自然史博物館や水力発電会社に問い合わせてみるとよい。

Ⅱ文献による調査

1　地図

洞窟は、地球上でまったく偶然にその場所に存在するのではない。大多数は石灰岩地帯に発達する（石灰洞の場合）。地球表面の二〇パーセントが石灰岩でおおわれている。地域別な目安としては、石灰岩をさがす（溶岩洞窟では玄武岩の厚い溶岩流をさがす）ことが、まず、洞窟探査の基本である。

地質図が入手できれば、石灰岩地帯を見つけるのは容易である。フランスでは、近年、五万分の一地質図がフランス地質鉱物調査所で編纂されている。地質図には、すでに知られている主な洞窟を含む、地下に関する豊富な情報が記載されている。残念ながら、国土の全領域を網羅しているわけではない。このような地図は、外国では、先進国でしか手に入らない。しかし、それがなくても、石灰岩の特異な起伏のゆえに、測量図をちょっと見ただけで、それと判断することができる。水と石灰岩は、起伏ある地形（カルスト）を形成するため、互いに深く関係しているのである。その主要構成要素は、閉じた凹み（ドリーネ、ポリエ）、地下に消える水の流れ、あまり多くは存在しないが山塊の周辺で見られる水量の豊富な泉、などである。これらの地形は水による石灰岩の溶食によるもので、地図上で容易に判別できる。沢山の等高線の曲線がある場所で矢印が後光のように中心に向いているところが、ドリーネの存在を示している。

小川が突然終わっているところが吸い込み口である。岩壁の近傍から突然大きな川床をもった小川があらわれているのは、水量の多い泉が洞窟の出口から湧き出し口として出ていることを示す。一般にすでに知られている洞窟の入り口は示されているが、地名学的にもその存在を認識することができる。したがって、横穴、竪穴、吸い込み口、湧き出し口、を示す語彙をその地方の言葉で知っておくことが重要である。

カルスト地形の構成要素は、気候、とくに降雨量に依存する。

熱帯地方では、さらに、尖った山頂、小さな塔状の岩峰、三角錐の丘、合体したドリーネ、時には、巨大な竪穴が目標となる。

残念ながら、いつも大きな尺度の測量地図が手に入るとは限らない。その場合、世界の航空地図をあたって見ることができる。尺度が小さくて、精度が高いとはいえないが、熱帯地方のように地形の起伏がよく発達し、それが目立つところでは役に立つ。

古地図の写しを地図保存所（フランス、サンマンデの国立地理学研究所）から手に入れるのも有効である。しかし、地名が変わっていることがあり、余分な障害が生じる場合もある。

2　印刷出版物

オーソドックスではあるが、科学文献は洞窟に関する情報に満ちあふれている。地理学や地質学の仕事に関心を持つこともできるし、その他の専門領域、たとえば、昆虫学、先史時代学からも、いろいろな情報が得られる。学位論文も、情報化された大学のデータベースから入手可能である。洞窟に関する文献は意外と豊富である。地球上のどの地域でも、文献が見つからないということはほとんどない（第七章参照）。国際洞窟学連合は年間出版物目録を作成している。この目録には記事ごとに概要をまとめたり、洞窟探検成果についてのレビューを行なったりしている。

3　データベース

あるクラブや団体は電子掲示板（ホームページ）をつくり、洞窟の場所、洞窟の様子、必要装備を公開している。フランスではミニテルを使って見ることもできる。サイバー洞窟学が発展してからというもの、インターネット網を通じていろいろなサイトをさがすことができる。これは尽きることのない情報の宝庫となっている（第十二章参照）。

4　航空写真

世界のほとんどの地域が、立体画象の対象となっている。旧植民地も含むいくつかの国に関して、昔の探査写真に対しては、サンマンデの国立地理学研究所の地図保管所で手に入れることが可能である。

フランスでは、国立地理学研究所が、白黒、あるいはカラーの立体写真を市販している。起伏を見るためには、小型の立体鏡を買う必要がある。

写真はその地域での、洞口の場所やアプローチの道筋を示してくれる。もしも最新の探査写真が入手できれば、地図にまだ描かれていない、新しい足跡や小道を発見できる。

さがすべき目標は測量地図と同じだが、もっと多くの情報が得られる、たとえば、起伏や色合い（最近の探査写真では色彩も）や不毛な砂漠地帯では、洞窟の入り口は周りより暗くなっているか、あるいは緑がかった縁取りがされている。

写真で見つかった目標を測量地図に写し取る場合、写真では、中心部と周辺部においては尺度が変化することを忘れてはならない。

5　遠隔探査

人工衛星によって地球全体の姿を得ることができる。ＳＰＯＴ人工衛星は、理論的には、五万分の一地図を五〇メートルの解像度をもって作成することができる。これは、熱帯地域の巨大洞窟の入り口を識別できる能力である。残念ながら、問題はその価格にある。洞窟探検家には手の届かない道具であるが、洞窟の入り口を遠隔で検知できるものがある。航空機搭載型のサーモグラフィーでは、洞窟の入り口を、気温、洞窟、外部環境の温度差として検知できる。レーダー探査による映像は、熱帯地方で顕著な植生の影響を打ち消してくれる。この探査法は、ベネズエラのサリサリニャーマのカルツァイト（方解石）の巨大竪穴に使われ、成功している。

Ⅲ　実地による調査

選択した地域で、文献や聞き込み調査を行なっても新しい洞窟の入り口が明らかにならない場合、系統的な踏査作業が必要になる。カルスト地区では、中央部をさがすか、周辺部をさがすかで、その出発点は異なってくる。

1　周辺部からのアプローチ

洞口をさがす糸口は、水である。洞窟は現在の、あるいは昔の地下河川の川床である。涸れ川は山塊から出ているので、その流れを遡れば、湧き出し口に辿り着くし、そこが侵入可能な洞窟の入り口となる。この入り口は、断崖状のカール（円谷）の底に位置することが多い。隆起した地域や、地表面が沈み込んだ地域では、カルスト網はいくつかの層を成しており、もし、見つけた湧き出し口から入れない場合は、もっと高い場所にある涸れた湧き出し口を探す必要がある。それは、風景のなかで目立つ小さい谷の上流部に位置している。入り口が高いところにあっても、出水時には、そこから水が湧き出すことがある。流れの痕跡はハッキリと見ることができる（植生の不在、岩塊の散乱、こけの存在など）。

図2　洞窟網での洞口の位置

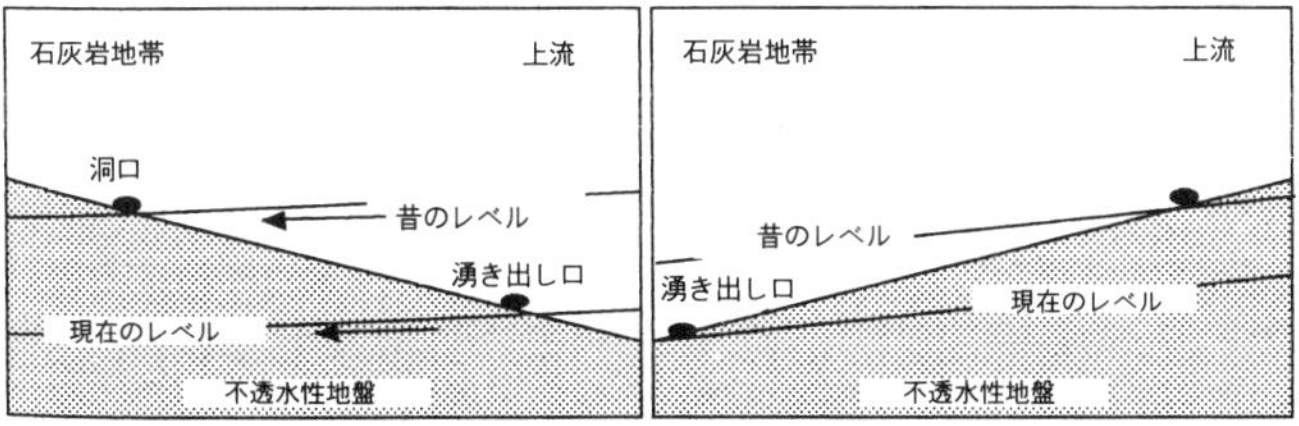

洞口の位置が下流　　洞口の位置が上流

熱帯あるいは乾燥地帯では、湧き出し口には、凝灰岩が堆積し、台状の形を成し、風景のなかでそれと目立っている。涸れてしまった、あるいは半涸れ状態の入り口は、ふつう、水源に垂直にはつながっていない。上流か下流をさがす必要があり、それは、基準面を形成している水を通さない地層の機能如何による（図2参照）。

石灰岩地域に流れる川が、侵入可能な吸い込み口に消えることがある。同様に、この場合も、もしも見つけた吸い込み口から入れない場合には、近くの涸れた吸い込み口をさがせばよい。

2　中心部からのアプローチ

いろいろな原因にもよるが、洞窟の入り口は、きわめてきまぐれに分布しているように思える。そのうえ、伝統的に、牧羊を行なっている地域では、家畜の墜落を防ぐために、穴の入り口は牧童によって塞がれてしまっている。きわめて厳密な踏査を行なう一方で、牧童に聞き込み調査をすることが、たったひとつの推薦できる方法である。とくに、凹みや、涸れ谷に注意をはらう必要がある。凹み部では、水が集中し、理論的には竪穴と結びついている。経験によると、この地点では小石や粘土が集中して堆積する。水は通過することができても洞窟探検家が入れない場合、凹み部のまわりに、深い竪穴につながる入り口が存在することがある。したがって、いたるところ、さがすことがまず重要である。一世紀以上、フランスでは洞窟探検の歴史があるにもかかわらず、微少な隙間も見のがさないで探究する熱心な探検家のおかげで、依然として、すばらしい発見がもたらされている。

幸運にも洞窟の存在を示してくれる目印がある。それは、空気の流れである。多くの洞窟が、空気の流れをさがすことによって発見されてきた。ショベ洞窟は、最近、アルデッシュ地方で発見された。その場所は、毎年、数千人が訪れる地域でありながら、断崖の足下の崩壊物のあいだからかすかな空気の流れが感じ取られ、発見されたものである。冬には、洞窟から出た暖かい空気が、出口の周りの雪を溶かしていたのである。ある種の動物は、洞窟の入り口で生活をしており、その存在の秘密を漏らしてくれることがある。

レピヌー竪穴（ピエール＝サン＝マルタン洞窟、ピレネー）の場合は、巣を作っていたコクルマガラス（カラスの一種）によって発見された。熱帯地方においては、時おりコウモリのおかげで洞窟の入り口を発見できる。

アンバラツィンギーの洞窟（ナリンダ半島、マダガスカル）は、第二次世界大戦のさなか、フランスの潜水艦によって発見された。現われた黒い雲を、ドイツ潜水艦が充電するために、浮上して、ディーゼルエンジンをふかしていると思いこんだのである。実際は、何千というコウモリが、棲息していた洞窟から出てきたところであった。

3 塞がれた洞口とディギング

昔から洞窟探検がきわめて盛んな国では、開口した洞口を見つけるのがますます困難になってきている。労力を要するディギングにほとんどの時間をついやして、ようやく洞窟の秘密をあばくことができる。スチールの棒を岩のあいだにすべりこませれば、表面に近い空洞があるか判断できる。防水した穿孔検査用のカメラも使うことができる。しかし、この装置は高価で、カルストの複雑な形状をした導通部にはほとんど適用できない。ある洞窟探検家は、せまい通路を検査するためにビデオ装置を開発した。この手づくりの装置は、小型ビデオカメラと、制御装置をいれたこぶし大の寸法の籍から構成され、さらに、それが防水性の容器に入れられ、水中でも使えるようになっていた。

その装置は、カメラヘッドと、照明装置と、数メートル長さのケーブルと、複数の関節から構成された多関節アームと、ビデオモニター付きの制御ボックスから構成されている。

入り口の詰まった洞窟が見つかれば、入洞するために、障害物を取り除かねばならない。障害物を取り除くディギングの技術は第九章に記述されている。

図3　電気抵抗測定による検知（H・ミロセイニによる）

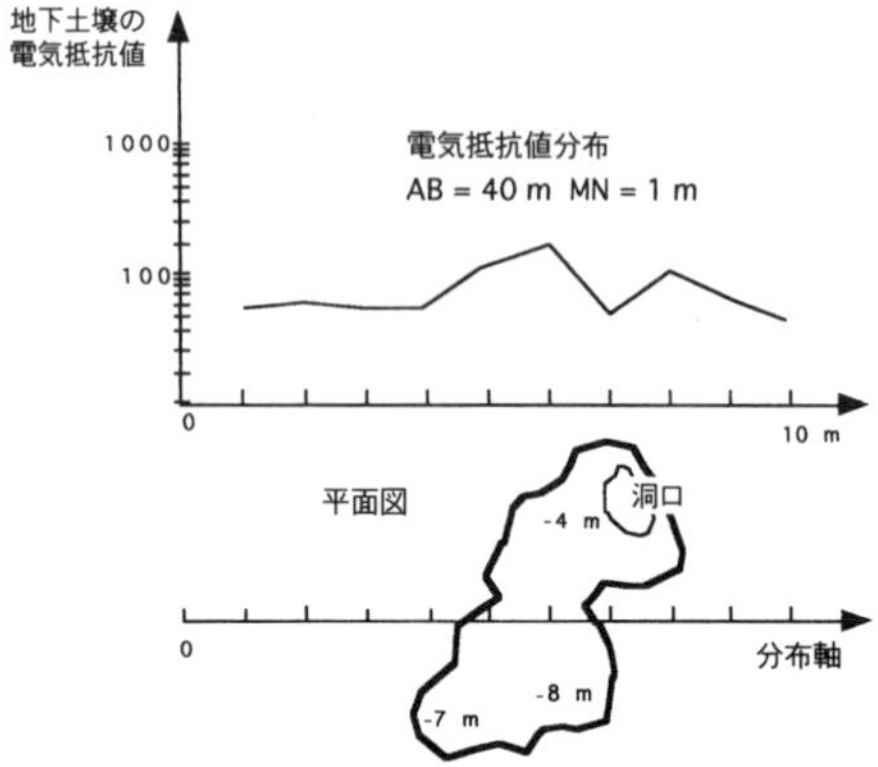

4　地球物理的方法

ある洞窟探検家が、占い師のように振り子や細い棒を振って洞窟を見つけることができると言い張るとしたら、それは眉唾ものであろう。他の方法は、もっと高くつくが、良い結果を得ることができる。これらは、一般に土木事業で使われている。

(A)電気抵抗測定法

二つの電極AとBのあいだに、電流をながす。電極ABのあいだに、電極MとNを差し込むと、およそAB/4の深さの位置の土壌の電気抵抗を測ることができる。ABとMNのあいだをいくつか変えて測ると、深さに対する電気抵抗値の変化を得ることができる。それが電気抵抗測定法による検知である。空洞は空気で充たされているため、まわりの岩石より電気抵抗が高い（図3参照）。特別な解析手法が開発されてはいるが、測定結果の解釈にはとくに注意が

図4　重力測定による空洞検知（1967, ノイマンによる）

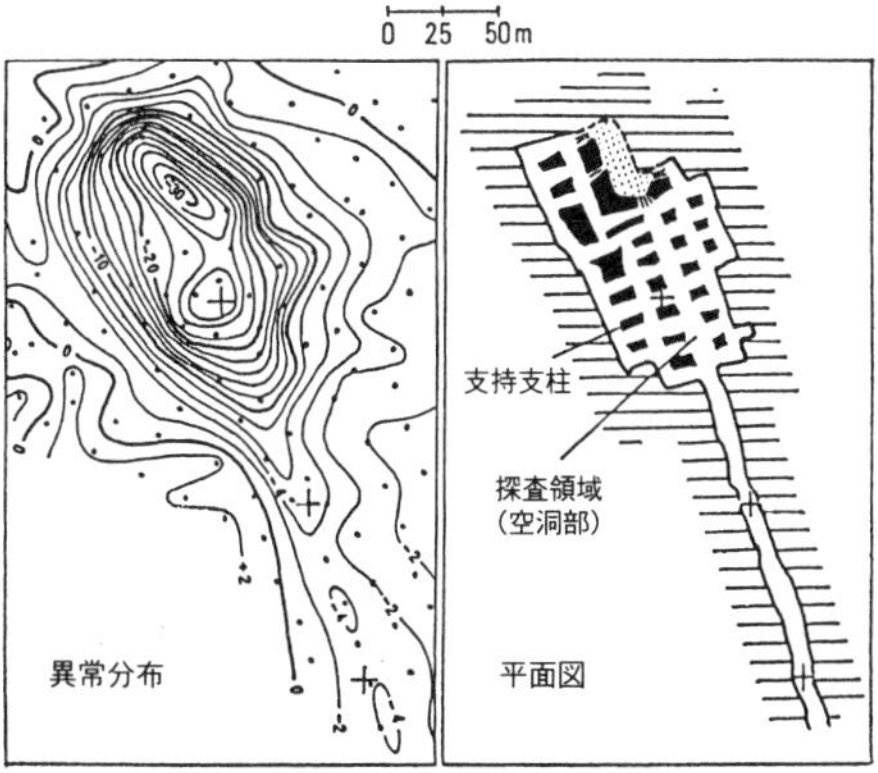

必要である。

(B)重力測定法

一点ごとに重力加速度の値を計測する。空洞の存在は、理論的には、物質の不在を意味するので、より小さい重力加速度の分布を示す。この方法は、起伏があまりめだたないところや、表面に近い空洞の検知に使われる。昔の石切り場の検知で良い結果が得られている（図4参照）。

(C)極低周波検知法

非常に周波数の低い電波は、潜水艦同士の通信のために軍事的に用いられているが、水中奥深く侵入する能力は地中でも同様に有効である。異常物体に出会うと、電波に変化がおこる。移動する受信機があれば、その変化を容易に受信できる。まだ洞窟探検には応用されてないようである。

(D)地中レーダー

地下数メートルまで電波は侵入することができる。理論的には、あまり深くない場所の空洞を検知することができる。バルジェモン（バール県）の道路の下にあったジプサム（石膏）でできた空洞を検知している。洞窟探検ではまだ利用例はない〔最近、溶岩洞窟の探査で国内外で地中レーダーが使われはじめてきている。訳者注〕。

第二章　探検に行くための装備

I　はじめに

入り口が見つかって初めて、洞窟内の探検が行なわれる。

探検でまず重要なことは、まったくの暗闇に入ってゆくことである。したがって、本当に唯一必要な装備は、持ち運びができてしかも信頼できる照明である。人間が火をあやつるようになってからはじめて、地下世界の扉が開かれたのである。

たとえ、われわれの先達が大昔から深い洞窟の探検を行なっているからと言っても、いくつかの現代的要素は考慮すべきと思われる。①効率的であること、②快適であること、③安全であること、である。ヘルメットは頭を保護する。適合した衣服は寒さと水から身を守る。衣服はせまい通路に挟まれても出られるような形状であることが肝要だし、サイズがぴったりの靴と靴下は、不意に滑るような危険を少なくしてくれる。一九七〇年代に始まる大衆的な洞窟探検のブーム到来までは、装備は多かれ少なかれ、他の分野から借用したものであった（水夫、山岳登山、土木作業など）。そののち、目をみはるような進歩がもたらされた。現在では、ほとんど独占的といえるが、ペツル社によって、洞窟探検だけを目的とした装備が製作されている。

II 照明

1 火

最初の地下住居の遺跡は、四一万年前にさかのぼることができる（周口店、中国）。しかし、本当の意味での深い地下探検は、おそらく旧石器時代の中期頃からであろう。

旧石器時代に使われた方法は、樹脂のしみこんだ木の松明《たいまつ》か油ランプで、多くの洞窟にその痕跡が残されている。ラスコーの洞窟では、照明は単純な石の板がおいてあり、その上に動物の脂がおいてあった。新石器時代には、石を彫り込んだところに、植物の繊維の芯や木の束を置いた、油ランプがあらわれた。その使用は数千年続いた。

これら、先人達の技術はいつの時代も使われていた。中国では、グアノや硝石の採取者たちは、時には地下深く探検し、竹の松明を使って照明としていた。東南アジアにおいては、つばめの巣の採取者たちは、落としても大丈夫なように、電気照明ランプより、植物の松明か蜜蜂のロウでできたロウソクを使っている。時代とともに、照明技術は進展し、それにともなって、同時に、地下で使われる機材も発

図5　アセチレン照明灯

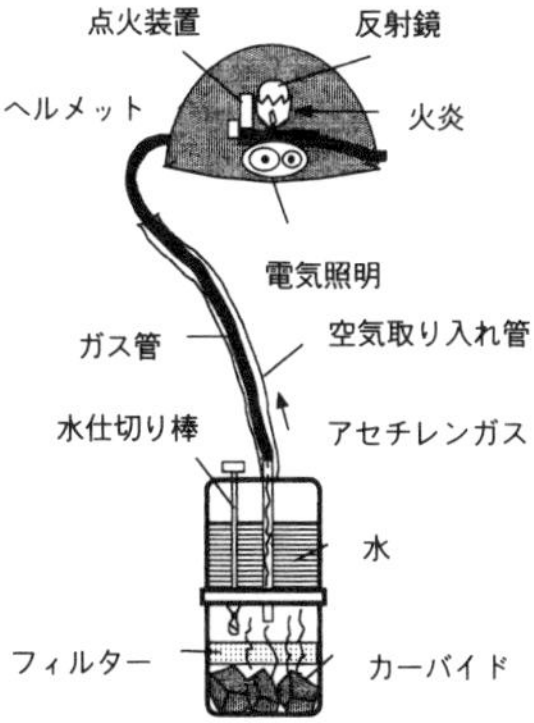

達してきた。油ランプ、石油ランプ、ロウソク、加圧ランプ、鉱山用石油ランプ、鉱山用アセチレンランプ、電燈が、次々とあらわれた。

マルテルは、帽子にロウソクを固定したものを使っていた。現在より、もっと長くて、芯も太いものである。そのロウソクは時どき消えたり、時に、帽子を燃やしたこともあった。

2　アセチレン

アセチレン照明燈（カーバイドランプ）は、現在も使われている（図5参照）。ド・ジョリは、アセチレンをスチール製の容器に加圧して詰め込んだが、爆発の危険があるので、現在では使われていないし、許可もされていない。

しかし、普通のカーバイドランプは、いまでも使われている。カーバイドランプは、二つの上下に別れた容器から構成されている。下の容器には、炭化カルシウム（カーバイド）が入っており、その上に、水滴が上部の容器から落ちてきて、アセチレンガスを発生し、そのガスはチューブを通して、燃焼ノズルへと導かれる。燃焼は不完全燃焼である。燃焼しなかった炭素粒子が過熱され、白く輝く。

炎は強力な光を発生し、まわりに拡散する。燃焼ノズルは反射鏡の前に置かれ、ヘルメットの前面に固定される。

補助用電気照明は、そのガス系統に故障が生じたときに使われる。邪魔にはなるが、軽量で、安全な照明が、数時間確保できるようになっている。しかし、いつだって故障はつきものである。ノズルの詰まり、ガスの漏れ、煙り、流量調整の難しさ、ガスに含まれる水分、反射板の損傷などは地下では面倒なことになる。

ランプを改良するために、いろいろなシステムが考え出されている。とくに、上部の容器を密閉し、加圧水を入れることによる、ポンプ、シール材の開発、下部容器からのガス取り出し口の工夫などが、それである。

3　電気

電気照明は、実際は、あまり使われていない（フランスでは伝統的にアセチレン照明が主流である）。電力消費が多い電気照明は、反射板をつけないと使用できない。光りのむらの効果が前進を不愉快にし、偏頭痛をおこさせることもある。したがって、電気照明は丸天井を診断したり（ハロゲンランプで焦点調整

表6　既存照明の平均寿命

● 油ランプ	24時間
● ロウソク	1時間
● 電気照明（アルカリ単3電池，4個）	
—ハロゲンランプ	3時間
—標準ランプ	12時間
● 電気照明（アルカリ積層電池）	
—ハロゲンランプ	6時間
—標準ランプ	20時間
● 電気照明（リチウム電池）	
—ハロゲンランプ	9時間
—標準ランプ	30時間
● アセチレンランプ（250gカーバイド）	
—ノズル番号141	10時間
—ノズル番号211	7時間

できる反射板つき）、あるいは、水のかかる場所での非常用照明（通常ランプで大光束）に使われる。蛍光チューブは、いまのところ使い道がはっきりしていない。電源の輸送に関しては、古典的なアルカリ電池がニッケルカドミウム電池に取ってかわられているが、値段および充電するときの記憶効果がネックとなっている。リチウム電池は、アルカリ電池より二倍強力であるが、高価であるため、それほど使われてない。

地下の大空間に対しては、洞窟探検の先人たちは、親指か時計用の道具を用いて、ガイドチューブにマグネシウムのリボンを詰めて燃やした。松明や信号花火は、明るい照明が得られるが、大量の煙りが出るのが難点である。大きな空間の研究のために、われわれは、日常使うランプであるブタンガスキャンピングランプを使って成功している。ただし、一部のガラスを外して、反射板に交換している。八時間のあいだ、強力で遠くまで拡散する照明が得られたが、かなり緑がかった照明であった。しかし、そのソケットが脆弱でショックにもたないため、凹凸のはげしい環境での前進には使えない。

二十年さがしまわっているにもかかわらず、理想の照明はまだ見つかっていない。頑丈で、軽く、経済的で、強力でかつ大光束の照明を得ることが、次世紀での関心事となろう〔最近、ＬＥＤ（発光ダイオード）ライトが出まわってきた、今後の改良が期待される〕。

Ⅲ　ヘルメット

衝撃に対する頭の保護が主要な役割である。それ以外には、照明をヘルメットに固定することにより、手を自由にすることができる。地下を走りまわるということは稀であるが、洞窟の壁や天井に頭を激しくぶつけることはよくあることである。また、ヘルメットは、竪穴を進んでいるときに、石や、その他いろいろの落下物（ハンマー、写真機）から頭部を保護する。

十九世紀末、マルテルは、新聞紙をつめ込んだフェルト帽をかぶっていた。

大きな直径のロウソクをそこにリボンで結びつけていた。ド・ジョリは、ファイバーあるいは空気泡の入ったゴムでできたヘルメットをかぶり、そのひさしにアセチレン燈を固定していた。カステレは、砲兵やモータバイク用のヘルメットを使っていた。

そののち、先の大戦の兵隊用ヘルメットに使われていた、キャンバス地でできたかたい帽子がひろく使われていた。そのあと、プラスチックや金属、グラスファイバーでできた山岳タイプや土木作業タイプが現われ、最終的に、洞窟探検に適したタイプが現われた。ペツル社の最新モデルは、頭にフィットさせるためにその場ですぐに調整できるようになっており、さらに、きわめて寒い洞窟ではふち無し帽をそのなかに携帯できるようにもなっている。

ヘルメットの内部には、ふつう、裏側にサバイバルシートを張りつけておく。

Ⅳ　衣服

1　つなぎ（コンビネーション）

十九世紀には、地下に行くときは、戸外で身につけるものとかわらない姿をしていた。昔の版画絵によると、男は三つ揃えで、女性は硬い布地のスカートで洞窟に出かけていたようだ。マルテルや彼のライバルたちは、古着もしくは作業服を用いていたが、すでに、強い布製の上下のつながっているつなぎに関心を示していた。それがあればせまい通路を通過することも容易であった。ド・ジョリは、そのようなつなぎを実際につくり、摩擦の生じる部分は強化し、測定器具を入れるたくさんのポケットをならべてつけた。戦後、あらゆる洞窟探検のコミュニティには軍隊の余剰物資があふれていた。時には、大きすぎるのだが、カーキ色の布でできたつなぎが必需品とされた。しかし、地下世界は湿気が高く、布地が一度濡れると、不愉快であるし、寒い。そのうえ、岩の突起や粘土質に弱いのが欠点であった。それでも、ある程度我慢するしかなかった。とくに山岳地方の洞窟探検は、寒く、しかも水に濡れるため、防水性のコンビネーションが考案された。一九六三年にマルバッハによって、PVC〔巻末の用語解説参照〕でコーティングされた、ナイロン製の最初のモデルが作られた。

探検者を偶然襲う滝のような水流から保護するためにも、また、レスキューを行なうためにも、それが不可欠なものとなった。

しなかやかさとか強さに改良が加えられたが、現在ある製品でも快適とは言えない。活動時に内側にたくさんの水分の凝縮が生じ、しばらくすると、ずぶぬれ状態になってしまう。

熱帯地方における探検には、やはり、ナイロン地タイプが使われるが、PVCコーティングはなしである。

2　下着

寒さは、洞窟探検にとって大敵である。理想的な下着は、あたたかさと快適さを合わせ持つもので、湿気を閉じ込めるようなものではいけない。マイクロファイバー（極地用防寒繊維）が、その解決策をもたらしたと考えられている。以前は、羊毛、そののち、合成繊維（ロビロン、サーモラクテイル）が使われた。現在ではあまり使われていないが、一九七〇年代にはその栄光ある地位を占めたレクソサームについてはひとこと言及しておきたい。合成繊維でできた、伸び縮みするコンビンネーション下着である。繊維のなかには、アルミコーティングされたプラスティックの薄片が入っており、熱を反射してからだにもどす役割をしていた。

V　はきもの

1　歴史

最初の地下探検では、はだしで洞窟のなかに入ったことが証明されている。旧石器時代の人間は、靴をはく必要性を感じていなかったのだろうか。靴（その場所の気候にもよるが、長靴、サンダル、モカシン）は、存在していたかもしれないが、粘土質に適合しないため、入洞する前に脱いだ可能性がある。クロマニオン人の女性たちにとっては、酷なことであったかもしれない。マルテルでさえ、靴底に釘をうった革靴を履いていた。ここに、ド・ジョリによって記述された理想の靴がある――クローム処理された仔牛の革で獣脂を塗られた長靴：靴底は厚い革でできており、かかとはゴムとスチールの板でできた三センチメートルの長さの六個のスパイクがはめられたもの、いるかの革製のひもを鳩目にとおしてあり、アルミニウム製の殻で足指を覆ってあり、全体としてグリースで注意深く仕上げられたもの。

そののち、強い布地でできた靴や軍隊のレンジャーシューズなどが、一九五〇年代の終わりまで使われていた。

2　長靴

不完全とはいえ、合成ゴム製の長靴が、こんにち、ゆきわたっている。登山用のシュタイクアイゼン付きや、内部に湿気をとじこめないようにジャージーのないものも選ぶことができる。長い胴はすねを保護するし、やわらかい靴底は粘土のついた岩をよくグリップする。反対に、くるぶしがしっかりとは固定されない難点がある。極地用毛皮、あるいはネオプレン製の靴下を履けば、必要な快適さは得られる。

長靴は、足を濡れないようにすることができるが、あまりにも水が深い場合は、水が入り込み、不快になる。靴から排水するため、靴底に穴をあけている人たちもいる。

第三章　横穴に入る

洞窟の世界は、一般に、はっきりした二つのグループにわけることができる。水平な通路を持つ横穴と、垂直な通路をもつ竪穴である。ふつうは混在しているが、この二つの穴に対して、はっきりと異なったアプローチを行なう。

I　探検の技術

1　探検の目的と基本的な注意

地下鉄のトンネルのような、また、砂利がしっかりと敷きつめられた舗装道路のような洞窟などは、ほとんどない。探検は、一般に、はっきりとした通路部分と障害部分の一連の繰り返しである。障害部分は竪穴あり、突起部あり、崩壊物あり、狭窄部あり、水没した通り道ありで、さまざまである。洞窟探検技術とは、これら障害物をうまく乗り越えることである。それがしばしば大きな喜びをもたらして

図6　乗り越えることが出来る障害

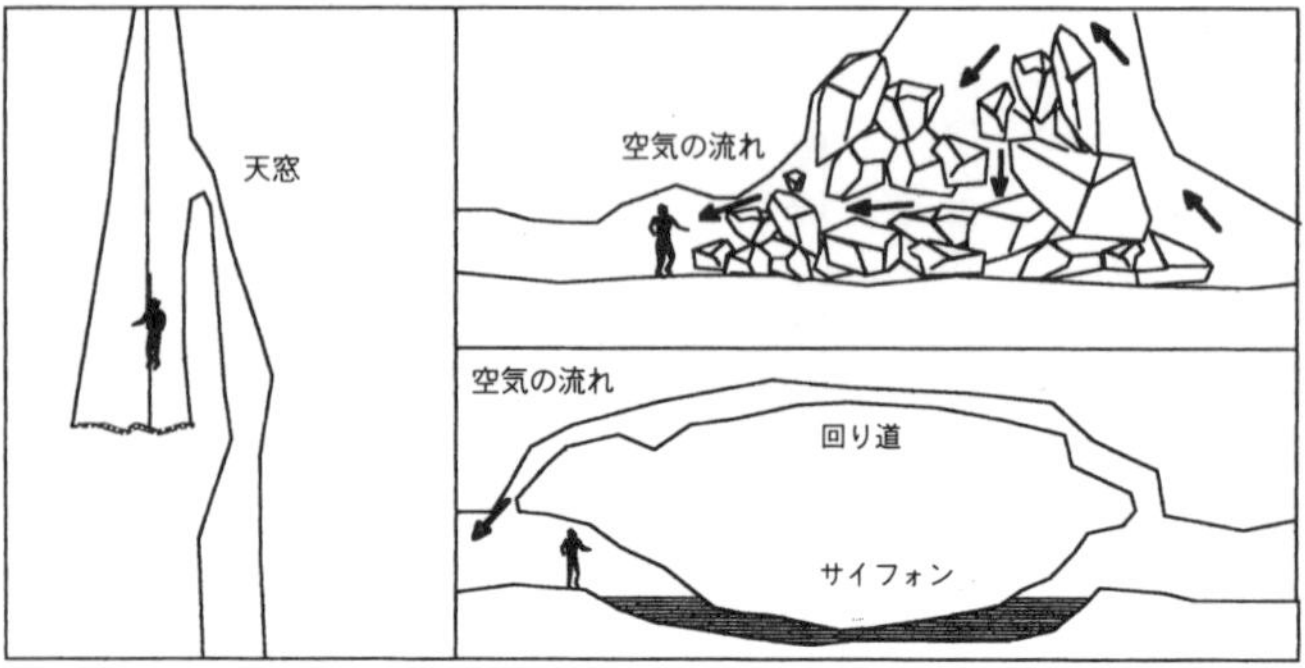

くれるのであるが、また同時に、きわめて大きな危険がともなうこともある（第八章参照）。

何はともあれ、洞窟は、封じられた世界であり、保護しなければならない宝が閉じ込められているのである。前進するときは、堆積物に注意しなければけない。先史時代の遺跡や古生物学的な足跡がないかどうかも確認する必要がある。

第一の基本的な規則は、道に目じるしをつけることと、そこからそれないことである。

2　目じるし

洞窟の形成ははっきりした論理に従っている。カルストでは、洞窟を掘りぬく水の論理であり、洞窟を絶えず変えてゆく現象である。崩壊あり、堆積物でつまらせることあり、窪みの形成もある。前進してゆくと、一般に、崩壊による行き止まりにつきあたるのが常である（岩の塊、粘土、堆積物による）、あるいは、狭窄部やサイフォンがある。

時々、終点かと思っても、それは一時的でしかないことがある。障害は迂回できたり、狭ければ通路を広げることもできる。よく考えてみれば、洞窟の続きがどこにあるか理解できるようになってくる（図6参照）。

竪穴の底部で突然の行き止まりに遭遇したときは、たとえば、上方を見てみるとよい。天窓のところから平行して走る竪穴に、アプローチできるかもしれない。渾沌とした崩壊物で塞がった場所では、大きな岩塊のあいだをすり抜けてみるとよい。しかし、どこのあいだをすり抜けるべきか？　洞窟探検家は、空気の流れを追いかける狩人でならなければならない。空気の流れは、通路をさがすとてもいい糸口なのである。大きな洞窟では、時折、非常に激しい空気の流れを巻き起こすこともある（時速一五〇キロメートル、ピナルゴズ洞窟、トルコ）。洞窟の続きが解らなくなったとき、まず、空気の動きを追ってみるべきである。いつも単純にわかるというものでもない。ときには打ち消しあって感じないような流れや、渦を巻く流れ、時には逆方向に流れる場合もある。空気の移動を見るために、空気と同じ温度のマーカーで後を辿ってみるのもよい。

たとえば、トナーの粉や、打ち粉や、温度が下がったタバコの煙りなどである。探検家の体温も空気の流れの原因となる。とくに竪穴では、空気の流れをさがすのを複雑にするが、ちょっとした応用問題として考えれば、良い結果が得られる。炭酸ガスの割合の変化も、もう一つの指標となりえる。炭酸ガスの変化は閉じ込められた通路が連結していることを示すことがある。ガス計がその時役にたつ。

3　狭窄部の通過

狭窄部やネコ穴（ネコのように体をくねらせないと入れない穴）は、よく遭遇する障害である。訪問者にとって精神的なバリアーとなり、訪問者の数を減らす効果があるために、洞窟のある種の保護対策にもなる。狭窄部が水平な場合、一般に、頭を先に、片手を前方にのばしてヘルメットを先に押しやり、もう一方の手は体に添わせて置き、必要に応じて、押したり引っ張ったりして前進する。だが、まず始める前に狭窄部を良く観察すべきである。人間の体は、あるきまった形状をとれない体形をしている。行動しているあいだよりも、行動する前に良く考えることが重要である。すべて、忍耐と、冷静さ、柔軟さが大事である。無理矢理に進もうとしても、無意味な疲労をもたらすだけである。

垂直な狭窄部では、もっと注意が必要である。一般に、足から入ってゆくが、頭から入らなければ通過できない場合は、頭を下にするが、あまり気分のよいものではないし、おまけに危険である。いずれにしても、誰かに助けてもらって、つねにロープで確保してもらうことを強く勧めたい。狭窄部は、そのあとに、深い竪穴の始まりに通じていることがよくあるからである。

通過が不可能と判断したとき、しかし、押し広げることが可能と考えたとき、ディギング（掘削）を行なう。粘土の掘削、堆積物の破壊、岩の出っ張りの破砕で、充分可能である。もっと大規模な作業が時には必要となるが、それは第九章を参照されたい。

4　傾斜部と突起部

傾斜部と突起部は、潜在的な危険の存在を暗示している。最初はおだやかでも、よく注意しなければいけないことがわかってくる。通路の傾斜は徐々に増加し、ついには完全に垂直な竪穴になる可能性がある。疑問に感じたら、石を投げてみれば、どの程度か見当をつけることができる。続きが見えなくなったら、確認するように気をつけよう。数メートルの突起であっても、過小評価してはいけない。行きは簡単でも、長い探検のあとで疲れていたりしたら、帰りは危険となる。その場所にロープ、あるいは短い梯子《はしご》をつけておくのがよい。

5　迷路と大空間

洞窟が複雑になると、迷子になる危険がある。

探検しながら地図を描いてゆけば、記録を見ることによって、しかるべき通路を見つけることができる。単純な方法は、規則正しく後ろを振り返り、その場所から出口の方向を頭に焼きつけておくことである。これだけで不充分なときは、目じるしが必要である。とくに、小さな通路から、石のごろごろした巨大な空間へ出た場合に注意すべきである。洞窟内での照明では二〇メートル四方を照らすことができるが、岩のごろごろしているところでは照明がさえぎられ迷子になりやすい。もと来た道を見つけるのは容易ではない。道しるべが必要だが、しかし、控えめで論理的かつ有効なものでなければいけない。反射材料（スコッチライトなど）は役立つが、壁に描いた矢印や、ケルンでも普通には充分である。

矢じるしはつねに出口の方向を向ける。ある者は、S（出口）とかF（奥）とか描く。不必要な目じるしは消しておくべきである。ある洞窟では、別のパーティーによって付けられた目じるしがあってどの目じるしを信じて良いのか、どちらが出口かまったくわからなくなることがあるので注意が必要である（ピアッジア洞窟網、ベラ、イタリア）。もともとは救助作業のためにつけられたものであった。

6　地底湖と地下川

地下で、前進する場所が水辺であるとき、水面の位置が障害となることがある。とくに、気温が低いとき、探検者の体力を奪う危険がある。尖鋭的な人びとは凍てつくような水のなかに潜るのも躊躇しなかったが、そのライバルたちはいくらかの快適さを求めた。ド・ジョリは、潜水夫が使う、鉛が入った靴底のついた装備と、架橋兵が使う、胸下まである防水性の織物、あるいはラテックスでできたやわらかい鎧を利用していた。ある種のタイプには浮き袋が付属していて、それをつなぎの下につけた。現在では、ネオプレン製のつなぎで、浮揚性と断熱性を保持したものが好まれている。いずれにせよ、密着させると皮膚呼吸をさまたげる危険性もあり、活動したときの体力の損失が大きい。

進路の水深が非常に深い場合、そのときは泳ぐしかないが、装備が重く、容易ではない。そういった場合はボートを利用するしかない（写真1参照）。マルテルは地底湖を横切るために、木の骨組みに布を張った折り畳み式カヌーを使った。ドイツでは、空気式カヌーが現われると、ただちにそれが主流となった。布にゴムを塗布したモデルは、へりの部分に空気ポンプが装備されており、すぐに膨らませるこ

写真１　テイキラー洞窟（トルコ）内でのボートの操作

とができたので、実用的であった。たとえ途中で空気が抜けても、漕ぎながら、空気ポンプで空気を補充することができた。

最近では、ビーチでよく使われるＰＶＣをつなぎ合わせた、華奢《きやしや》だがきわめて安価なものもある。

また、ラテックス製（ゴメックス）のカヌーのように、地底でも即座に補修できるという利点があるものを見つけることもできる。

カヌーへは、両足で飛び乗るようなことをしてはいけない、ひざまずいて丁寧に乗り込み、へりの部分に寄りかかる。湖の底でロープが引っ掛からないよう、水に浮くロープで結びつけることによって、大人数のパーティーを往復させることができる。長い距離を移動する場合、細長い形をした櫂つきのボートが役に立つ。ボートには、安全のため、別々の空気室が複数あり、救命胴着が装備されている。

大事なものは、ＰＶＣ製の密閉容器に入れた上で、浮く材料でできたザックに入れておく。やわらかな密閉用のザックも存在する。

通路全体が水で満たされているときは、洞窟探検家は潜水する必要がある（第五章参照）。

Ⅱ　地底でのビバーク

洞窟探検時には、つねに、気力を回復させたり、休憩したりするために、休止することが必要である。

いくらかの食べものをとり、岩の上に置いた固形アルコール（エスビット）や、アルミ製の容器で、温かい飲み物を準備する。気温の低い洞窟のなかでは、レスキューシートを広げ、ひざの間にアセチレン発生器をはさむと、休憩時に暖をとることができる。

本当の意味での地底キャンプは、戦後、大人数かつ大規模な装備を必要とした大洞窟探検において実施されている。それは、ツロンブによるエンヌモルトの洞窟（アルジェリア）の探検時に見られたような、軍隊を起源とする軍需物資の大兵站作業に近い印象を与える。二〇時間ほど継続する洞窟深部での探検においても、現代技術のおかげで、そのような大兵站作業は必要のないものとなってしまった。しかし、数十キロメートルもつづく洞窟網のなかでは、ビバークは依然として大事なものである（写真2）。

野営場所は、洞窟のなかでも特別の場所である。一種の地下の避難所であり、快適でなければならず、水場からも近くなければならない。それにその場所は、探検を遂行するために、戦略的に重要な場所でなければならない。物資の保管も行なわれる。食べ物、照明のための燃料、寝床などである。増水によって封鎖される危険のある洞窟網では、保管場所は、減水や救助を待つための待機場所となる。

この種のキャンプで、第一級の規模ものは、ラバイシエール洞窟網（ロット県）で行なわれた。七〇メートルの深さの穴が掘られ、直径三〇〇ミリメートルの穴から、電気と、キャンプまで運ぶのが難しい物資を運んだ。ごみや廃棄物も、そこから出された。なんという贅沢な探検であろうか。

キャンプは、計画的であるべきものである。現代では、洞窟探検者が自分自身で自分の装備や物資を運ぶことが可能である。テントや、缶詰めや、湿気をおびた羽毛の時代は、幸運にも終わった。こんに

写真２　地底での野営（サラワクチェンバー，マレーシア）

ちでは、極地向けの断熱性の衣服、合成繊維の寝袋、アルコールによる加熱、即席乾燥食料を持ってゆくことができる。

密閉できるＰＶＣ製のネジ蓋つきの小さな容器があれば、大事な物資を保護・保存できる。容器ごと、サックに入れることができる。

地べたの上には、レスキューシートを敷けばよい。空気式の資材も用いることができる。地面の凹凸を吸収することができるし、断熱効果もあるので、防寒材となる。

しかし、重くて、傷つきやすいので、以前より、つり床（ハンモック）が使われている。

ヒートパックと呼ばれる、ノルウェー製の、ポータブルで小型の暖房器は、電気ベンチレーションつきで、将来、きっと成功すると思われる。

ビバークは、探検後、パーティーの身体的・精神的回復を可能にするものでなければならない。食料の選択は、したがって、きわめて重要である。食料は、カロリーがあり、消化しやすく、準備が簡単で、心地よい気分と元気をもたらすものでなければならない。私たちの先輩たちが、コンビーフや、ソーセージ、湿気たパンを強いられていたのに対して、いまでは、数えきれないほどの種類の乾燥即席食料が存在する。パテをベースにした即席食料は、とてもよく適合していて、翌日の仕事に、必要な糖分をもたらしてくれる。固形アルコールによる加熱は、必要な量の水を沸騰させるのに充分である。ミネラルやビタミンを取り入れるためには、粉状の飲み物をカプセルに入れたものがある。

熱帯地域では、われわれのいる温帯地域でもそうであるが、仮に地下水（たいていは汚染されている）

を使う必要がある場合には、解毒のための錠剤、ろ過するための携行可能なフィルターが必要不可欠である。

第四章　竪穴に入る

Ⅰ　技術の進歩

洞窟探検家はきわめて頻繁に垂直な通路に遭遇し、それを乗り越えるためには、道具が必要となる。数メートルほどの突起物や、深いピットなどがない洞窟はまれで、それが存在すること自体が洞窟探検者が血道をあげる理由であるし、スポーツとして参加する楽しみがある（写真3参照）。

現在では、知られている洞窟で、征服されていない竪穴はない。測ることができない「深淵」などという言葉自体が、使われなくなってしまった。深さ六四〇メートルのスロベニアの竪穴で、五〇〇メートルの垂直部ピット（ビルテイグラビカ・ヴェルテイーゴ）（図7参照）が、最近、探検されている。

竪穴探検が一般化したことは、飛躍的に発展した装備のおかげによるし、洞窟探検の考え方さえも根本的に変えてしまった。多くのパーティーメンバーのなかで一人が先兵となり集中的な権限を与えられてサポートするヒマラヤ方式（ロベール・ド・ジョリの考え方）から、軽量な装備ですべての探検を一人でやってしまう方式（P・シュバリエの考え方）に移り変わってきた。

写真３　サカルツタン竪穴の洞口（トルコ）

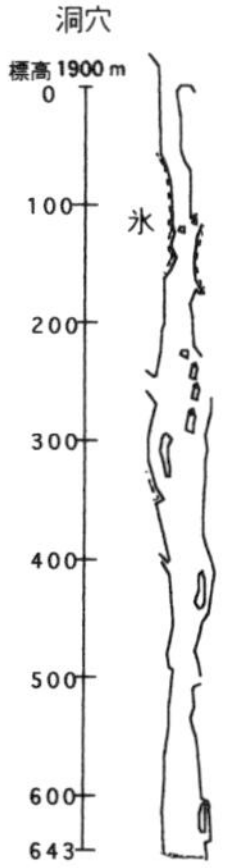

図7　ベルテイグラビカ・ベルテイーゴ・ピット

1　昔の技術

人類が洞窟を生活の場として使うようになってから、竪穴にも挑戦する者が出てきた。ラスコー（紀元前一万七〇〇〇年）で発見された遺跡では、梯子と、編んだロープが、その当時使われていたことを明らかにしている。数十メートルほどの竪穴の探検に、その道具が使われたと考えられる。中世では、パデイラック（四五メートル）の竪穴で、そのような道具を使って、水を汲みに行っていた。この技術は、アジアでも、つばめの巣をとりに行くためにいまでも使われている。ニアの洞窟（サラワク、マレーシア）では、竿と梯子を使って、地表から六〇メートルの高さの丸天井部に達している（写真4参照）。これらの道具は、その場所に固定されるものであるが、現代の探検では、搬送可能な道具を使うところが異なる。

写真4　つばめの巣の採取者（ニアの洞窟，サラワク，マレーシア）

図8　マルテルのブランコ

十九世紀の終わりごろ、マルテルは、その当時において手に入れることのできた装備で竪穴に挑戦している。それは、船員、井戸掘り人夫、石工のためにつくられていたもので、木の梯子、木の足かけをつけた縄梯子、そして、深い竪穴に対しては、ブランコ（尻かけ）を使った。ブランコは、単純な木の棒をロープの一端に括りつけたもので、探検家は、その上にすわるのである。ロープの他端は滑車に通され、その滑車は、竪穴の頂上に設置された三角起重機に固定される。アシスタントたちが、腕の力を使って、降下と登高の操作を行なう（図8参照）。原理は簡単だが、操作はきわめて難しい。三角起重機の設置とロープを引っ張る操作は時間がかかるし、人手も必要である。その上、探検者は声の聞こえる範囲からすぐに遠く離れてしまうのが問題であり、危険でさえある。

2　ワイヤーラダーの出現

昔の装備のハンディキャップは、その重量であった。木の足かけがついた縄梯子は、一メートル当たり一キログラム以上もあった。イタリアとフランスにおいて、ほぼ同時に画期的な進展がもたらされた。ワイヤーラダーの出現である。フランスにおいては、ロベール・ド・ジョリの天才的な発明によって開発された。これは、洞窟探検を目的とした道具のなかで成功したものの一つである。巻き取り可能なやわらかい梯子を実現するために、スチールのワイヤーに、エレクトロンチューブでできた棒を固定した。エレクトロンチューブは、アルニミウムとマグネシウムの合金で、ツェッペリン飛行船の骨組みに使われていた（図9参照）。

ド・ジョリは、一九三九年に、そのいくつかのモデルを製作した。使った材料にもよるが、一メートルあたり五六グラムから一一〇グラムの重さであった。一巻が一〇メートル単位のワイヤーラダーは、その端部を、イタリア人によって発明されたマイヨンでつなげられた。当時、下降も登高もワイヤーラダーで行われたが、ラダーでの操作中の墜落を避けるために、探検家は、確保ロープで結び付けられ、竪穴の上部では、パーティーのもう一人がそのロープを操作していた。したがって、それぞれの竪穴では、入り口に一人ずつ人員を配置しなければならなかった。懸垂降下には、山岳登山で使われる降下方式が使われていた。その場合、上着は、肩部を革製とし、ロープの摩擦に耐えるようにしていた。

P・シュバリエはダン・デ・コル洞窟（イゼール県）で、Y・クレアックはマルガレイス（フランス／イタリア国境）で、カムつきプーリーを使った。これは、竪穴の二倍の長さのロープが必要なことが難点

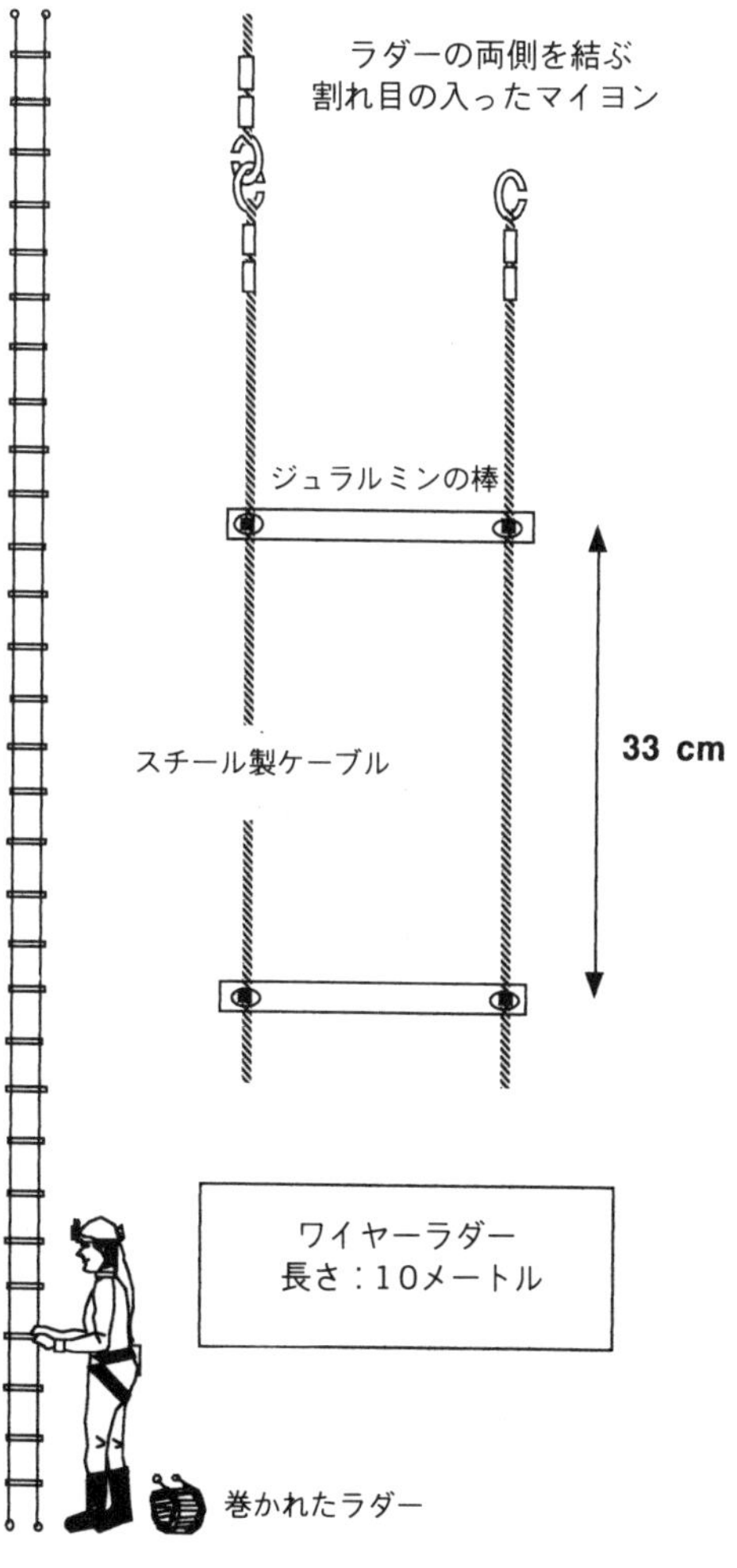
ラダーの両側を結ぶ
割れ目の入ったマイヨン
ジュラルミンの棒
スチール製ケーブル
33 cm
ワイヤーラダー
長さ：10メートル
巻かれたラダー

図9　洞窟用ラダー

だが、それぞれの竪穴にもう一人のアシスタントを配置する必要がないのは利点であった。しかし、これでは、探検の愉《たの》しみが奪われるだけでなく、暗黒のなかで、長い時間、震えていなければならないし、竪穴のせまい縁石の上で、時には水でずぶぬれになってしまうこともある。この当時の洞窟探検は、パーティー全体としての機動力発揮の精神があってこそ、考えることができた。戦後のあらゆる大きな探検は、一〇〇メートルの深さの竪穴探検でさえ、ワイヤーラダーのおかげである。これは一九七〇年代にシングルロープテクニックが登場するまで継続した。

使われることがだんだん少なくなってきたが、ラダーは、依然として作られている。エレクトロンチューブはジュラルミンにとってかわられたが、基本的な考えは変わっていない。ラダーが依然として役立っているのは、岩の上での接触を、ある程度、許容するからである。ラダーは、きわめて迅速に張ることもできるのである。

竪穴の内部状態のちょっとした偵察のためには、二はりのラダーと三〇メートルの確保ロープがあれば、たいていの竪穴のすばやいあたり調査が可能である。

3　ウインチ

くねくねとまがるワイヤーラダーで竪穴を登るのは大変である。以前は、大規模な竪穴ではウインチを使っていたが、これはきわめて危険な道具である。実際に、引き上げられつつある探検者がどこかにはさまって身動きがとれなくなったとき、一方でウインチがそのまま動いていると、探検者を無理に引っ張り、墜落させる危険がある。ウインチを使うときは、操作する人と探検者のあいだで電話通信ができることが必要である。一九五二年にヨーロッパ中を騒がせた、ピエール・サン・マルタン洞窟での、マルセル・ルーベンスの事故死は、その悲劇的な例である。レピヌー竪穴の入り口の垂直な三二〇メートルの穴に挑戦しているとき、パーティーは、やはりウインチを使っており、そのケーブルの中心部に電話線が配されていた。電話線のショートを避けるために、ケーブル固定器をかるくゆるめたその瞬間、マルセル・ルーベンスは墜落したのである。ウインチは、有名な探検に使われているが（ピエール・サン・マルタン洞窟のレピヌー竪穴探検、三二八メートルのアファニーズ竪穴探検など）、現在は、救助作業以外には、実際上、使われない。

4　確保ロープとナイロン製ロープ

ワイヤーラダーを使うときは、つねに確保ロープが必要である。ラダーをまったく使わないで確保ロープだけを使えないかという考えが、絶えず多くの洞窟探検家の頭の中にあった。一九三〇年に、H・ブレノーによって、ロープ一本だけで昇り降りする技術が考えられたが、時期尚早で、忘れ去られてしまった。当時使われていた麻のロープは、重くて、摩滅しやすく、水分に敏感で、縮みやすく、腐りやすかったのだ。

したがって、P・シュバリエによって考え出されたナイロンのロープが現われるや、麻のロープは、戦後すぐに使われなくなった。金属梯子は依然として使われていたのだが、一九六〇年代に、フランス

図10　ドレスラーのディッセンダーとストッパー

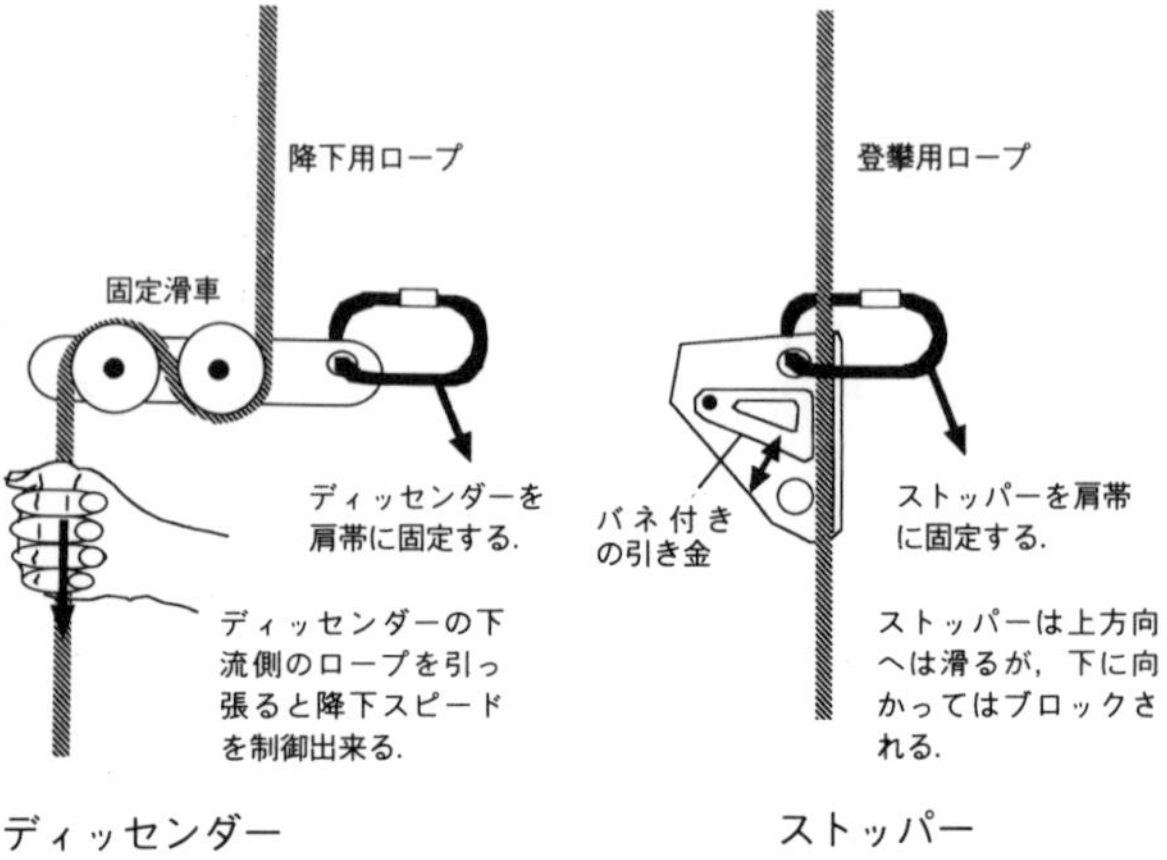
降下用ロープ
固定滑車
ディッセンダーを肩帯に固定する.
ディッセンダーの下流側のロープを引っ張ると降下スピードを制御出来る.
ディッセンダー
登攀用ロープ
バネ付きの引き金
ストッパーを肩帯に固定する.
ストッパーは上方向へは滑るが，下に向かってはブロックされる.
ストッパー

のドレスラーによって、ナイロン製のロープの高い強度と二つの道具の改良によって、ロープの使い勝手がきわめて簡単になった。ドレスラーのディッセンダーとストッパーと呼ばれるものである（図10参照）。この二つの道具は、類似した分野である山岳登山に使われているものから考案されたもので、洞窟探検向けに改良されている。ほとんど同時期に、似たような道具が、アメリカでも考案されている。ストッパーは、一種のくさび止め装置で、一九五〇年から、山岳の分野では、クレバスから脱出するときに用いられていた。この道具はロープに取りつけられ、一方向へは自由に滑るが、反対方向へ動こうとするとブロックされる（ブロッカーとも呼ばれる）。プルーシック結びは、この装置にとって変わられてしまった（図14参照、プルーシック結びは、メカニカルストッパーがないときや非常時にはいまでも使われている）。ディッセンダーは、二つの金属板にはさまれた二つの固定滑車から構成され、その間をロープをS字型に通し、ロープの自由端を引っ張りながら、下降のスピードコントロールを行なう。引っ張ると、摩擦力が増大し、下降のスピードを減じたり、停止したりする。ワイヤーラダーは、もはや登るときにしか使われず、ストッパー（アッセンダー）を体に連結して、確保ロープ上を滑らせてゆく。足を踏み外したときはストッパーで落下を防ぐ。この二つの道具のおかげで、竪穴の頂上でもう一人が待機する必要がなくなった。それ以後、ペツル社によって製造され改良されつづけられている。

5　シングルロープ・テクニックとその関連装備

一九六八年、メキシコ（ソタノ・デ・ラス・ゴロンドリナス）で、アメリカのパーティーが三〇〇メートルの竪穴をナイロンのロープを使って征服してから、シングルロープ・テクニックが普及しはじめた。これによって、現在使われている、フランスの洞窟に適応したアルパインスタイル・テクニックが考案された。まずシングルロープ・テクニックを導入し、次にいくつかの特別な装備が採用されている。アルパインスタイル・テクニックは全世界で使われているが、アメリカでは、類似ではあるが、より複雑なラック・ディッセンダーやギッブス、あるいはミッチェル・ブロッカー（アッセンダーとも呼ぶ）と呼ばれるものが使われている。

実際に使われる装備は以下のとおりである。

——チェスト・アッセンダー（ハーネスのマイヨンに直結する）。

——ハーネスに取り付けた二対のカラビナつきセイフティー・コード。
——フット・アッセンダー（フット・ループコードに取り付ける）。
——ロープ・バッグ（円筒形をした収納袋。ハーネスから下げる）。

ヨーロッパで最も親しまれている、フロッグ・システムでは、二つのアッセンダーがロープにつけられる。フット・アッセンダーはチェスト・アッセンダーの上部につけられる。洞窟探検者はハーネスでぶらさがり、ロープに沿って、フット・アッセンダーを持ち上げる。次に、フットペダルに足をかけ、立ち上がり、チェスト・アッセンダーを上に持ち上げる。さらに、同じ運動を繰り返す（図11参照）。洞窟探検家は、このようにして（カエルの動きに似た屈伸運動で）、ロープに沿って、あたかも草の茎に沿ってよじ登る毛虫のように、登ることができる。さらに深い竪穴を簡単に登るためには、もう一つフット・アッセンダーを追加する。

アメリカンスタイルのテクニック（ジャマー・システム）に近くなり、足を交互に動かし、ロープの上を、歩くように登る。この方式の安全性と有効性については言うまでもないが、基本的に注意しなければならない点がある。原則として、アンカーを二重にし、ロープの摩擦を避けなければならない。すでに記述したように、足を交互に動かす運動の結果として、ロープはその弾力性のゆえに、行ったり来たり揺れ動く繰り返し運動を生じさせ、壁との磨耗により、ロープの破断がもたらされる。この根本的な欠陥は、特別なロープ（スタティック・ロープ）を使うことによってある程度回避できる。しかし、いくらかの弾性は残されているので、摩擦が起きるようなときには、デビエーション（ロープが岩に擦れるの

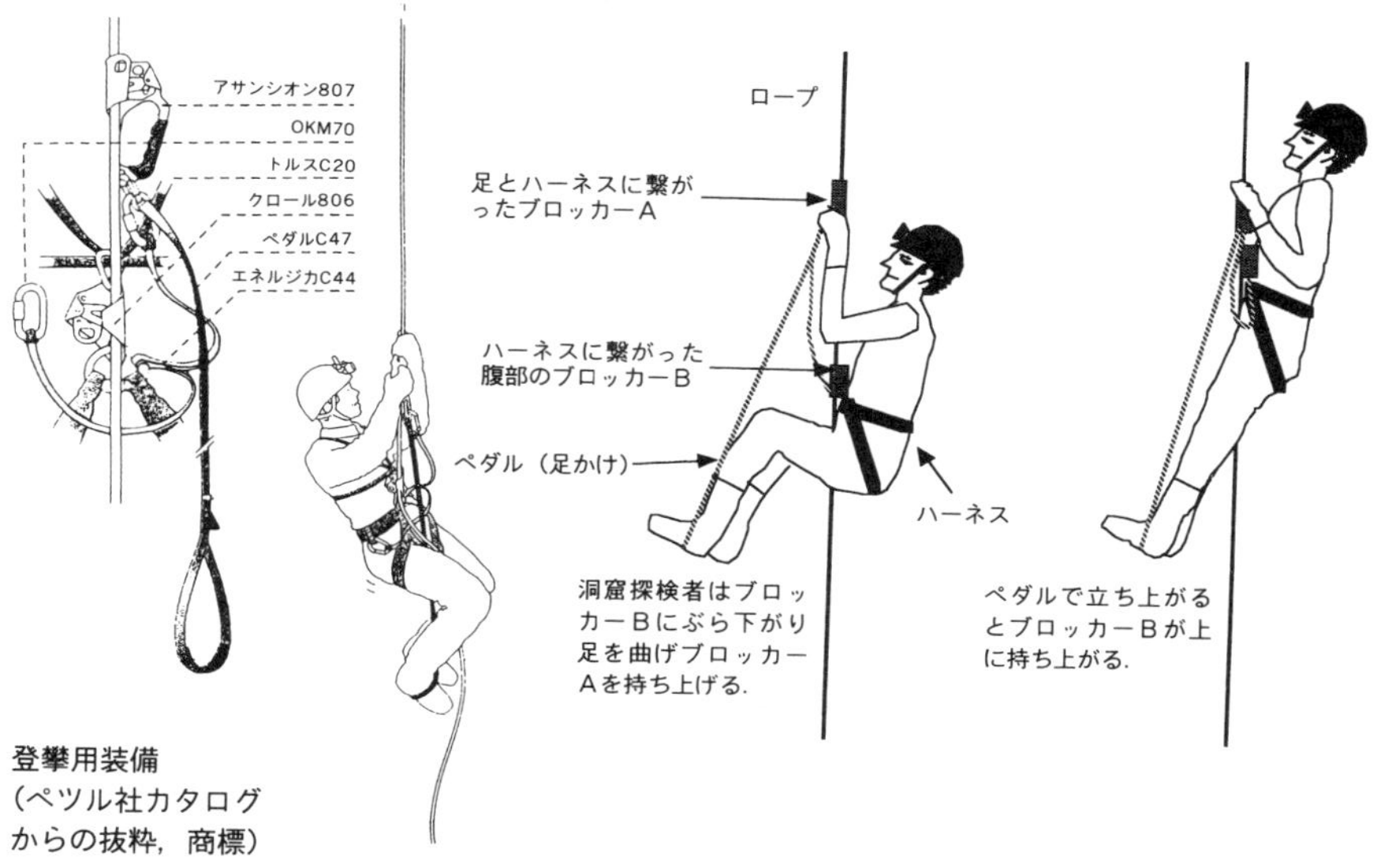

図11　ジャマー・テクニック（シングルロープ・テクニック）

を回避するため、壁に固定した紐でロープの流れる位置をずらす方法）を行なう。あるいは、リビレイ（ロープが岩に触れるときの回避方法で、触れる場所の付近でアンカーを作り、ロープをはりなおすテクニック）を行ない、別のアンカーをつけ、ロープが空中に浮くようにする。

探検のさい、ロープの設置（リギング）の要点は、なんの摩擦もなく安全に降下するために、アンカーの最も良い場所を選ぶことにある。アメリカでは、人工のアンカーを取りつけることが規則上禁止されているので、ロープはもっと太いし、摩擦がおきる場所には保護対策（ロープパッドの設置）を行なう。

6　アンカー

ロープやワイヤーラダーは、しっかりと固定しなければ意味がない。アンカー器具は、近年、大いに発達してきた。通常のテクニックでは摩擦は許容されてきたが、シングルロープ・テクニックを使う場合はそうではない。木とか岩角の出っ張りとか、石筍とかのナチュラル・アンカーまわりに、ロープの輪や紐で固定することが、長いあいだ使われてきた唯一の方法であった。ワイヤーラダーに対しては、それぞれの端部に、マイヨンをつけた吊りワイヤーを利用する。これは、地表で迅速に固定することができる。ナチュラル・アンカーがない場合、アーティフィシャル・アンカーを設置する。岩登り用ピトン（ハーケン）や、時によっては、単なる金属の棒を岩のすきまに入れて使った。しかし、地下では、岩の割れ目があるのはまれである。ロベール・ド・ジョリは、先端部に歯のついた管状のキリを使った。六センチメートルの深さの穴を掘り、そのなかに、リング状の（コーンによって）拡張するくさびを入れ

図１２　アンカーのタイプ

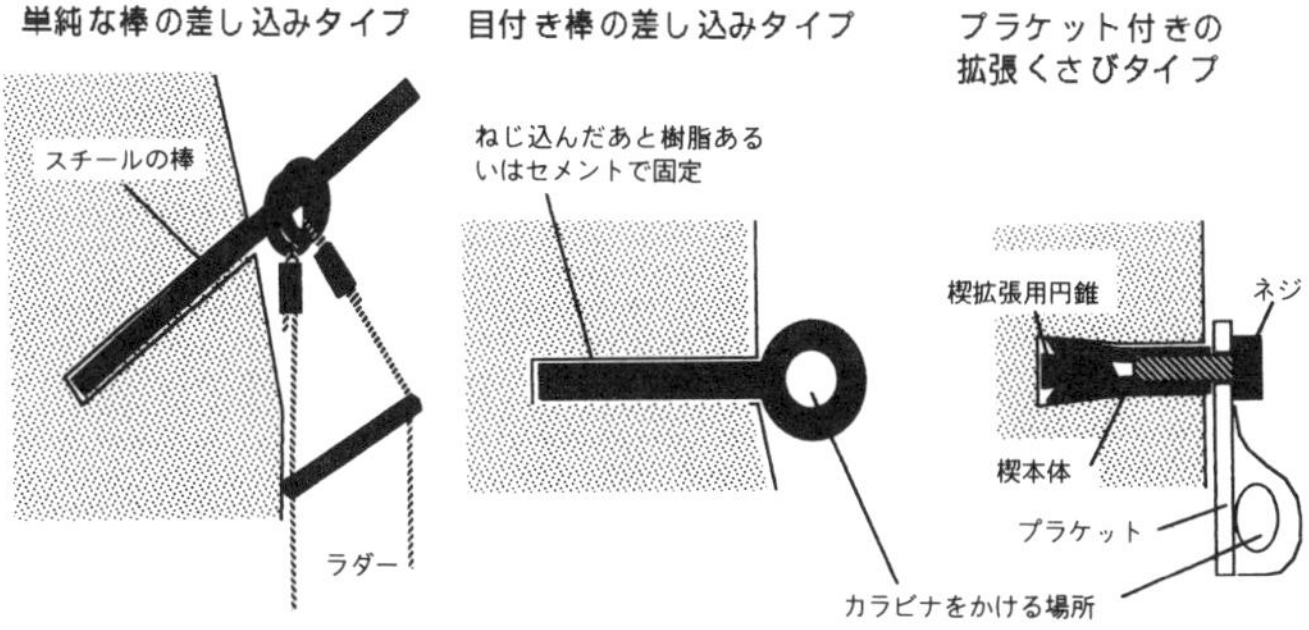

た。他には、セメントでリングをはめ込む探検家もいた。一九六〇年代まで、ブロッシュ（鉄串）が広範に用いられていた。長いキリで深さ一〇センチメートルの穴を掘り、そのなかに二〇センチメートルぐらいの長さの鉄の棒をつっこみ、セメントで固める。そこに、マイヨンに結びつけたワイヤーラダーを、直接、ぶら下げた（図12参照）。

　シングルロープ・テクニックは、スピット（キリとアンカーを兼ね備えたボルトアンカーの商品名、セルフ・ドリリング・アンカー）の利用をうながした。いわゆる、自動穿孔できるくさびをホールダーの先端にねじで締め、金づちでホールダーをたたき、穴をあけてゆく。穴があいたら、抜きだして、くさびの先端にコーンを入れ、再び、穴のなかに力を入れて差し込む。コーン、くさびを拡張させ、穴のなかにしっかりと固定される。ホールダーをはずしたあと、くさび端部に、ボルトでカラビナを通すハンガーを締結する（図12参照）。すべて、操作はきわめて簡単で、数分しかかからない。もちろん、アンカーは、安全上、二か所で確保するダブルアンカーとする。

ナイロン製ロープ、ディッセンダー、ブロッカーとまったく同様に、スピットも、最初はコンクリートのために用意された技術であったのであるが、アルパインスタイルの洞窟探検法の拡大をもたらした。

現在では、バッテリーで動かす穿孔機（電動ドリル）を用いてより迅速に穴をあけることができる。また、もっと確固とした寿命も長い固定法（拡張によるものであれセメントによる固定であれ）が使用される。

Ⅱ　アルパインスタイル技術

1　はじめに

この本でアルパインスタイル洞窟探検技術のすべてを教えることはできない。たとえすべての機材がすぐに買えたとしても、使い方によってはきわめて危険な場合があるので、訓練と見習い期間が必ず必要である。その教育訓練はフランス洞窟探検学校や、それぞれのクラブで手ほどきができる人や監督できる人のところで行なう必要がある〔日本でのトレーニング手段については「訳者あとがき」を参照のこと〕。以下の説明は、大雑把にどのようなものかを示す程度であるので、竪穴の探検がどのような手順で行なわれるかわかってもらうだけでよい。

2　竪穴探検の手順

アシスタントに確保してもらって、小石を投げるか、あるいはトポフィルで、竪穴の深さを測る。竪穴の縁から、適当な位置の壁に、アンカーを二つ打つ。適当な長さのロープを、二つのアンカーに引っ掛け、手すりを作る。竪穴のまわりに近づくときの安全確保のためである（図13参照）。ロープのもう一方の端に結び目を作り、ロープが短かった場合のロープからの落下を防止する。残りのロープは、ザックのなかに入れておく。降下していくとともに、そこからロープを繰り出してゆく。洞窟探検家は、ディッセンダーをロープに取りつけ、竪穴のへりに近づき、石が落下しないように、へりから取り除いたり、まわりを掃除する。降下を始めるためのアンカーの位置を決める。摩擦がないような位置に二つのアンカーを打ち、ロープを固定する。さらに進み、ディッセンダーをはずし、次のアンカーの下に再び固定する。降下する位置に着くと、足をはずし、ザックからロープをたぐり、注意深くまわりを観察し、通路に、危険がないかよく見ながら、懸垂下降してゆく。もしも浮き石を見つけたならば、必ず落とす。仮に、ある地点でロープが擦れるようであると、摩擦地点からロープを遠ざけるため、アンカー一つを取りつけ、デビエーションを行なう。さもなければ、新しいアンカー二つを取りつけて、リビレイを行なう。ロープをそこに固定し、進み、ディッセンダーをはずし、下方に取りつけ、さらに進んでゆく。ほかに障害物がなければ、そのまま底まで到達する。底では、ディッセンダーをはずし、石が落下してきても避けられる場所に移動し、他のパーティーメンバーに、ロープから離れたことを告げる。他のパ

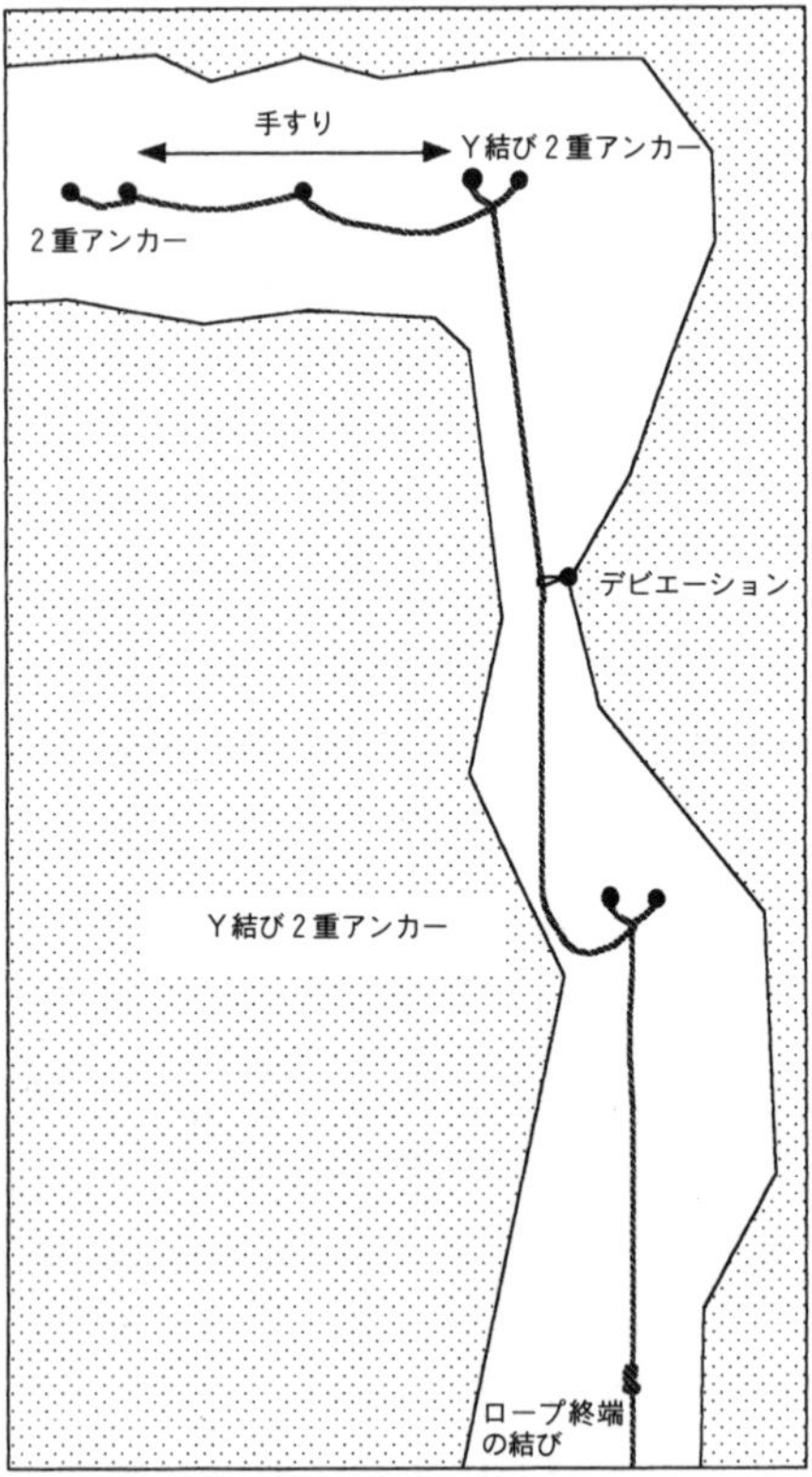

図１３　竪穴の装備

ーティーメンバーは、下降する前に装備を点検し、安全か確かめる。シングルロープ・テクニックを使っての登高は、同様なやり方で行なう。登高者は、アッセンダーをロープに取りつけ、登高を始める。リビレイした場所に着くと、フットアッセンダーを結び目から上のロープに移し、ペダルに体重をかけて身をのばし、次にチェストアッセンダーを移動させる。通過したアンカーをしっかり確かめ、すべてがしかるべき位置にあるかを確認後、他のパーティーメンバーにリビレイの場所を通過したことを知らせ、登高を続ける。

3　ロープと結び方（タイイング）

現在のロープは、ナイロンかポリアミド製である。これらのロープは、中心部に数本の芯となる繊維が寄りあわさり、織られた繊維の筒状のさやで周りを囲まれ、保護されている。普通、一〇〜一一ミリメートルの直径のロープが使われる。長距離を遠征する場合で、運搬重量の利得が重要なときには、九ミリメートルさらに八ミリメートルの直径のロープを使うこともできる。

アメリカでは、デイビエーションやリビレイを行なわないアメリカンスタイルを取っているので、ロープの直径は、もっと大きく、一二ミリメートルである。洞窟探検用のロープは、いわゆるスタティッククロープを使っている。スタティックロープといえども、小さいが弾性は保持しているので、落下の場合の衝撃は吸収することができる。岩登りをする場合には、けっしてスタティックロープを使ってはいけない（ダイナミックロープを使う）。

船乗りと同じように、洞窟探検家は、ナイロン製ロープの基本的な結び方をマスターしていなければならない。結びがロープとロープをつなぎ、アンカーとロープとをつなぐ唯一の方法である。しかし、結びすべてが弱点部を形成し、強度が六〇パーセントほど低下してしまう。よい結び方をすると、過大なよじれを防止し、かつ、容易にほどくことができる。最も汎用されているのは、安全結び、エイト結び、シート結び、二重アンカーのためのY字結びだ（図14参照）。プルーシック結びは、ロープに取りつけ、一方向には滑り、反対方向ではブロックされる。アッセンダー（ストッパー）をなくした場合には、これを使う。

4 強度、寿命、手入れ

現在の大衆向けの機材は、試験され、保証されている。通常の使い方に対しては充分強度があるように作られている。次に示す表には、通常使われる装備の、単純な引っ張り強度を示してある。しかし、その強度は、経年数や使い方によって変わるので、注意が必要である。とくに、スタティックロープは長い距離の落下のショックを緩和するためには作られていない。

ハンガーとスピットは静的（スタティック）な引っ張りで働くこととしか考えられていない。二重アンカーの配置形状はとても重要である。原則として、第一のアンカーが破断したとき、大きな加速度がかかる前に、第二のアンカーがその役割を果たすことができるような配置にすることである。そうでない場合、吸収しなければいけないエネルギーが、アンカーの強度を超えてしまう。

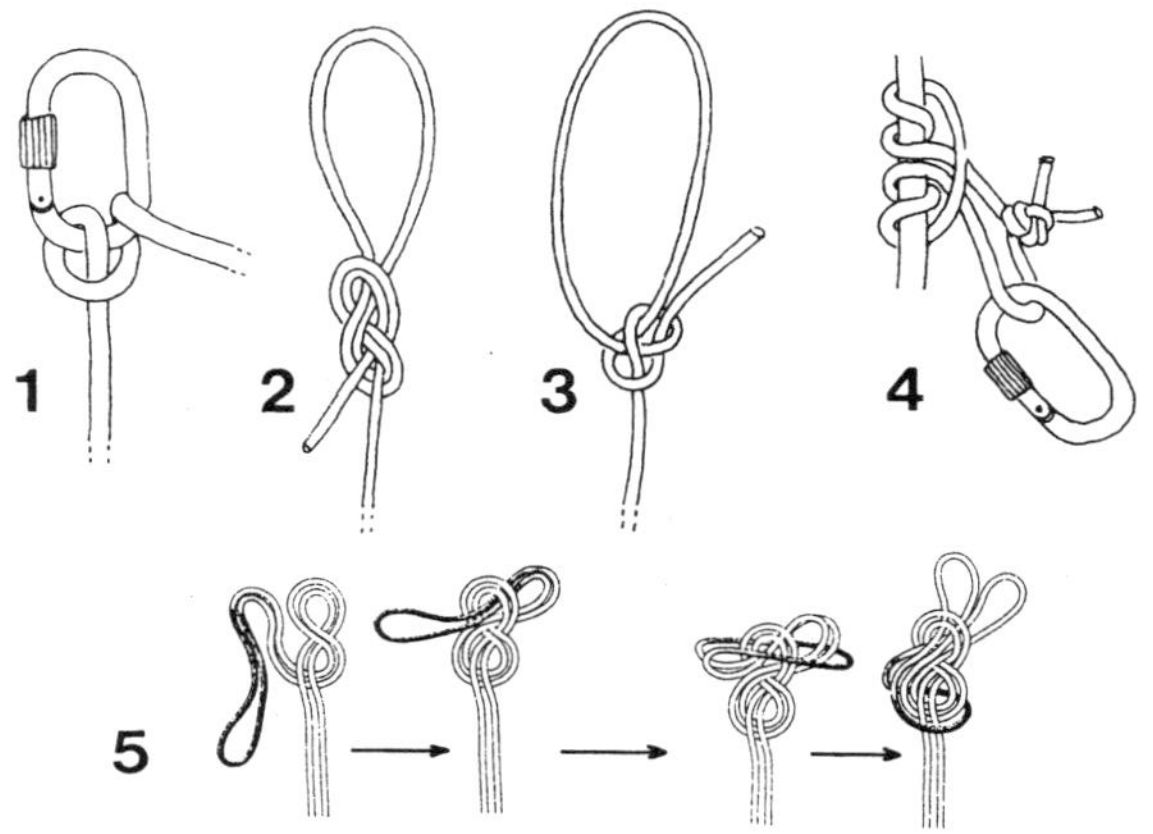

1．安全結び，　2．エイト結び，　3．シート結び，　4．プルーシック結び，　5．Y結び（ペツル社カタログによる）

図１４　よく使われるロープの結び

表7　機材の単純引っ張りでの強度(kN)
(1kNは100kgに等しい)

ディッセンダー	5kN
クロール（チェストアッセンダー）	4.5kN
ペツルグリップ（フットアッセンダー）	4.5kN
スピットのハンガー	18kN
カラビナ	20kN

表8　洞窟探検で使われるスタテイックロープの強度

直径	静的負荷	エイト結び	落下係数(1)での許容落下回数
11ミリメートル	30kN	22kN	40
10.5ミリメートル	27kN	19kN	17
10ミリメートル	24kN	16kN	14
9ミリメートル	21kN	14kN	3
8ミリメートル(2)	16kN	12kN	2

(1) 落下係数（フォールファクター）＝落下距離／ロープの長さ
(2) 認可はされていない（参考値）

装備の手入れも、とても重要である。洞窟中の粘土内の粒子はロープ内部に侵入し、材料を摩滅させるので装備に長時間付着させたままにすると、使用のさいに、ロープの合成繊維、ひも、とくにハーネスの帯を切断することがある。したがって、装備は洗浄して、点検して、定期的に交換する必要がある。

現在の合成繊維は、紫外線や化学溶媒に敏感である。化学物質の近くに保管したり、太陽光で乾燥させたりしてはいけない。洗うときは水だけを使う。金属機材は、ほとんどすべてがアルミニウムの合金をベースにしている。粘土がつくと、酸化還元反応がおこり、腐食し、弱点部が形成されることがある。金属機材も同様に、洗浄と検査が必要である。ブロッカーやカラビナの関節部にグリースを塗ることなどを勧めたい。ロープは、汚さないように注意したい。

Ⅲ　地底における登攀《とうはん》

竪穴は、降下するだけとは限らない。ピナルゴズ洞窟（トルコ、一六〇〇メートル）のように、登攀しなければいけない洞窟もある。横穴の洞窟網では、高い場所への登攀はかなり頻繁にある。

1　岩壁

壁に手がかりがあれば、山岳登高と同様にアタックできる。しかし、まわりの環境は、湿気があり、泥まみれで、その結果、滑りやすい。ロッククライミングとちがって、エレガントではないし、効率だけが優先する。

登攀では、再び降りるときより、登るほうが、一般に簡単である。したがって、ザイルを使い、どこにアンカーをとるか、慎重でなければならない。

ロベール・ド・ジョリは、ラバネルの竪穴で五〇メートルの登攀を行なったあと、ザイルを固定する場所がまったくみつからなかった。それで、ロープで輪をたくさん作り体のまわりに結び、再び降下していった。落下した場合、その輪のどれかが壁の突起に引っ掛かってくれることを考えたのである。こんな例は絶対にまねすべきではない。

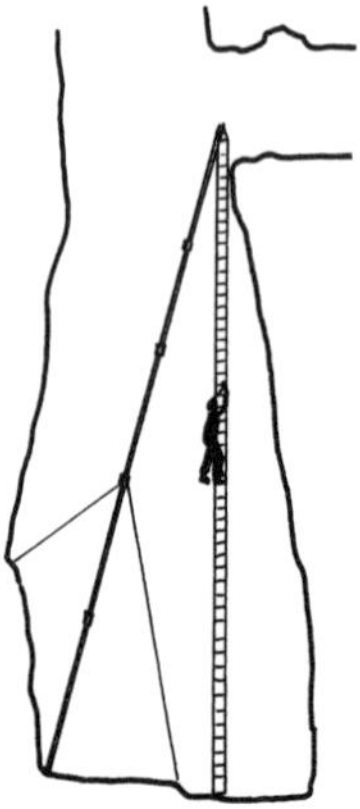

図１５　登攀用マスト

長い登攀の場合、山岳登攀とまったく同様に、中継点を設けてゆく（ハーケン、くさび、またはスピット）。安全確保は、下方からのロープで行なう。ロープは、万が一に落下したときの衝撃吸収に備えて、絶対にダイナミックロープを使わなければいけない。

2　マスト（支持柱）

時には、登攀があまりにも困難な場合や、あるいは不可能な場合がある。スピットが用いられるようになるまでは、登攀用マストが使われていた。運びやすいチューブ状の棒を次々と継ぎ足してゆき、数十メートルの竿をつくるのである。その先端部に、梯子を固定し、つるす。マストを立てたあと、梯子を探検する位置に近づける（図15参照）。必要に応じて、ロープで引っぱり、マストを支えることができる。

登攀距離が長いときは、これを何回か繰り返す。この方法によって探検され、征服された洞窟は、たくさんある。一九五三年のN・カステレによるシギャレール洞窟（アルジェリア）や、P・シュバリエによるダンデクロール洞窟網（イゼール県、フランス）がそれである。

3 人工登攀技術

マストは、スピットやくもあぶみの出現によって、追いやられてしまった。登攀する壁にスピットを打ち込み、そこにロープを固定し、ブロッカーを使って、あるいは足かけあぶみも使って、次のアンカーの場所に達する。そこで新しいスピットを打ち込み、ロープを使って同じ動作を繰り返す。くもあぶみでも、スピットにチューブ状のサポートしかない場合、原理は同じである。操作する人は、そこに立ち上がり、新しいスピットを打ち込む。

現在では、バッテリー付きの穿孔機と拡張型くさびがあるので、もっと速く進むことができる。フィロロゴ洞窟網（マルガレイス、イタリー）で一〇〇メートル以上の登攀が行なわれた。

4 その他のテクニック

場合によっては、手かぎを投げることが行なわれる。アメリカでは、カールスバードの洞窟の高い場所に登るために、ヘリウム風船を使って石筍のまわりにロープをかけたことがある。

第五章　水没した洞窟に入る

I　潜水の目的と制約

1　歴史

水没した洞窟を通過するための通路空間はサイフォンと呼ばれている。洞窟潜水（ケイブダイビング）は非常に特殊で、海中で行なうスキューバダイビングとはまったく異なり、特殊専門潜水にむしろ近い。

十九世紀、オットネリが、一九七八年に最初の試みをボキュリューズの泉で行なった。当時は、洞窟環境に適合するとはまったくいえないような、水面から空気のチューブがつながった錘りつきの潜水服を使用していた。

一九二二年、カステレは、モンテスパン洞窟（オートギャロンヌ地方、フランス）のサイフォンを、無謀勇敢にも、息をこらえて（素潜りで）通過している。しかし、本格的な洞窟潜水は、一九四三年にクストーとガナヤンによるアクアラングの発明まで、ほとんど進展することはなかった。一九四七年に、

G・ドラボールは、ロットの洞窟で、アクアラングを使って潜水探検を始めた。その基本的な技術は、一九五〇年に、リオンのルトゥローヌにより確立された。同時期に、目を見張るような発展がアメリカにおいてもなされている。

頻繁におきた、死亡者をともなう数多くの事故に見舞われながらも、洞窟潜水の発展が止まることはなかった。こんにちでは、専門的な深海潜水にも劣らない複雑な水準に達しており、あまり金をかけずに、きわめて個人的なやり方で、時には無謀としか思えないやり方でさえ行なわれている。

一九七〇年代には、サイフォンの後方に何キロメートルにもわたって広がっている洞窟を発見することが、洞窟探検家をしてその天職として駆り立てていた（Y・オカントによるベルノー洞窟網探検、ドウブ県）。

一方、洞窟潜水は、大深度洞窟の底でも行なわれ、洞窟の到達深度の記録を更新していった。たとえば、一九六三年にK・パーチェによってベルジェ洞窟深度が更新され、さらに一九六八年にはJ・デュボアとB・レジェーによって深度一一二二メートルに更新された。世界記録は、一九八〇年に、P・ペネによってジャンベルナール洞窟（オートサボア県）が深度一四一五メートルに更新された。

当初は水没してない通路をさがすために行なわれていたのが、完全に水没している洞窟網をさがすようになってきた。水没洞窟の総延長がどんどん更新され、水没してない洞窟網の踏破総延長距離に匹敵するようになってきている（一二キロメートル、サリバンシェリルシンテ、フロリダ、アメリカ合衆国）。フランスでは、水没部分の達成距離は、一九七〇年代から何回も塗り替えられている。アメリカ合衆国では、一九七二年に、システィーンシンクでさらに二キロメートル更新された。八〇年代の探検と新発見は印象的であり、潜水時間も長くなった。潜水生理学の人間の知識の範囲を超えつつある。方法と技術は少しずつ完全になってきたが、それは多くの事故の代償をともなった。

——グエン兄弟による一〇キロメートル潜水による往復（ヌラルボア、オーストラリア）

——フォンテーヌ・ド・ボキュルーズで、ドイツ人、J・ハッセンマイヤーにより深度二〇二メートル達成

——ドゥ＝ド＝コリ（ロット県、フランス）で、スイス人、O・イスラーが四五メートルの平均深度で八キロメートルを往復

——リオマンテの泉（メキシコ）で、アメリカ人、シェックイクスレイにより二六四メートルの深度達成。しかし、目標とされた一〇〇〇フィート（三三三メートル）の限界を越えようとしてサイフォン中で死亡。

——最新記録は、ブッシュマンガット（南アフリカ）の水没した巨大チェンバーで、ゴメスにより潜水深度二八三メートル達成。

地下通路をすべて水流をつたっていくという昔からある夢が実現している。一九九五年、B・ゴーシュによって、パデイラックフィノー洞窟（ロット県、フランス）で、一六もあるサイフォンの全踏破が行なわれた。パデイラック洞窟は、これで全部征服されたことになる。マルテルが探検を始めてから約一世紀かかっている。このような探検と平行して、観光としての洞窟潜水も発展してきた。水没していな

い洞窟と同様に、ある場所のサイフォンは、ごくありきたりな普通なものになってきている。

2　基本的な規則

いくつかの単純な規則がこの活動の基礎にある。

(a)命綱（ライフライン）の繰り出し

必要不可欠である。洞窟の地面はよく粘土質の沈殿物でおおわれており、潜水者が通過すると舞い上がる。行く時には視界が数メートル、あるいは数十メートルあったとしても、戻る時は、水に泥がまじり、自分の装備すら見えないことがよくある。入り口から潜水者に繰り出されてつながっている綱は、まさに命をつなぐ綱である。規則正しい間隔で岩の突起に固定する。しかし、綱は事故の原因ともなりうる。綱が身体にからまったときに、切断してからみから脱出できるように、ナイフか、はさみは必ず身につけること。

(b)装備の多重化とその独立性

この要求は、空気と照明の故障は絶対にあってはならないという理由から来ている。海では、垂直にのぼればつねに水の表面に到達できる。地下では、減圧の閾値を配慮しながら、行った道筋を戻らなければならない。したがって、照明、ボンベ、レギュレータは、最低でも二対なければならない。しかも、それぞれが独立して機能していなければいけない。長いサイフォンになると、たくさんのボンベを背負うことになる。潜水者は、あたかも、ボンベとライトがたくさん引っ付いた葡萄の房のようになる。戻るためのボンベのリレーがチームで行なわれる。

(c)三分の一規則

三分の一の空気を往路で消費し、もう三分の一の空気を帰路で消費し、最後の三分の一の空気は非常用(レスキュー)のために確保する。

Ⅱ　必要な機材

海洋における潜水装備をベースにして、ただちに洞窟専用の装備が作られた(写真5)。

1　衣服

厚みのあるネオプレンが使われる。サイフォンの水は冷たい。長時間の潜水には、防水性で、加圧された衣服を着る。潜水者は水に濡れないですむ。

写真５　洞窟潜水者と装備（ジェラール・モンダン＝ヴィアンによる）

2 タンク（ボンベ）

アルミニウム製か、スチール製。バルブ（栓）が一つで、弓形の形状で保護されているもの。信頼性のある付属システムと一緒に背中に背負うか、アングロサクソン式に腰のまわりにつける。それぞれは独立なシステムとしておく。

3 レギュレータ

頑丈なものを選ぶ。泥に強いことと、潜水は冷たい水中で行なうことがあるため、氷結に強いもの。それぞれのレギュレータは、それぞれのタンクの圧力をチェックできるようにマノメータをつけていること。それぞれ別の色つきがよい。たくさんある場合、識別ができるように、番号もつけておく。

4 照明

照明は、もちろん信頼性があるものでなければならない。一般に、試験済みの非常用ランプ、と前進用の強力なランプから構成される。サーチライトは広い空間を照らすのによい、光束をしぼったランプは沈殿物がまいあがったときによい。光束をしぼらないと霧のような効果で光りが散ってしまうからである。蓄電池は、密閉された円筒のなかに入れられ、バンドから吊るされる。非常用ランプは、もちろんそれぞれ独立していること。照明装置は、ヘルメットに固定される。ヘルメットには、サイフォンを出たあとの探検に使うためアセチレン燃焼の反射鏡をつけておくこともできる。

5　命綱（ライフライン）

綱が不意に解けて巻きつかないようにリールに巻いておく。そうしないと事故の原因となる。一般に直径三ミリメートルのナイロンのロープを用いる。潜水する前に小さなラベルをつけておくと、探検中に繰り出されている長さを知ることができる。番号をつけておくと進行方向がわかる。とくに、泥が舞い上がったなかを戻るとき非常に役に立つ。視界の悪いときは、出口に向かわずに、再び奥にもどってしまうという危険をおかす場合がある。

6　潜水（ダイビング）コンピュータ

地下潜水は、登り降り、行ったり来たりの、多くの連続である。これにより、減圧時間の計算が乗り越えがたい問題となることがある。この場合、コンピュータ（減圧コンピュータとも呼ぶ）が役に立つ。残念ながら、コンピュータがこの計算目的のために使われるとは一般に認識されていない。コンピュータは、潜水の前、あいだ、後の肉体的な努力、冷たい水、海より長い潜水時間など、多くのパラメータをすべて考慮できるわけではない。たくさんの事故が報告されていないし、故障もつきものであるから、補助的な手段としてしか使えないであろう。大規模な潜水計画を行なうときはあらかじめ計算をすませておくことが必要である。

7　コンパスと深度計

これらを使うことによって、道筋を辿ったり、探査図面を起こしたりすることができる。深度計は、もちろん減圧時間の計算にも使われる。

8　浮力調整胴着（BCジャケット）

これで、身につけた装備重量とのバランスをとり、水底の泥を巻き上げずに、天井近くを泳ぐことができる。

Ⅲ　発生する事故

残念ながら、多くの事故は死亡事故につながる。しっかりと経験を積んだ潜水者でさえ頻繁にこうむる事例は、減圧事故、麻酔状態、空気供給故障、命綱の切断による迷子、狭窄部でのブロック、サイフォンの後ろに存在する有毒ガスなどである。

事例によっては、起きるときがまったく予見できないものがある。メスクラ洞窟において、G・モアズは、増水した川の近くのサイフォンを探検していたが、強い流れで狭窄部にはさまれた。状況が異なっていれば脱出できたはずであるが、水流による減圧によって、レギュレータがロックしてしまったのである。

Ⅳ　最新の技術

深い潜水を行なうときは、まず、準備が必要である。探検領域に到達する前に、通過すべき水没した道筋をよく知らなければならない。それから目標を定めて、到達する深度とアタック時間を推定する。その深度と時間により、運ぶべきタンクの空気量、使うべき混合ガス、減圧ステップの回数と時間を見積もる。計算は、結構、複雑である。

アタックが最終的に一人でなされるとしても、洞窟潜水（ケーブダイビング）は、チーム作業になる。洞窟内で必要な機材をサイフォンまで運んだり、アシスタントの潜水士（ケーブダイバー）がタンクを次々とリレー地点に配置してゆく。その準備のあと、アタックが始まる。潜水士は、技術的にどこまで行けるかよく知っているのであとから続いてくる者がいても、途中でよく引き返すことがある。帰路では、アシスタントの潜水士が、空になったタンクを回収してゆく。

1　混合ガス

すべての特殊潜水技術が、洞窟潜水にも適用されて使われている。

高深度潜水には混合ガスが、時間を短縮するためには六メートルの減圧ステップで純粋酸素が用いられる。ある状況においては、洞窟探検家のほうが潜水専門家よりずっと進んでいる場合がある。天才的なケーブダイバーであるヨッヘン・ハセンマイヤーは、混合ガスのなかに水素の導入を初めて行ない、それにより、たった一人でボキュローズの泉で深度二〇五メートルに到達した。

2 減圧

減圧の期間は、場合によって、冷たい水のなかに数時間いる必要がある。純粋な酸素を吸えば、浅いところで時間を短縮することができる。気を紛らわすため、推理小説をよんでもよい。チューブで、地上から供給される牛乳を飲むこともできる。寒さに対しては、衣服のなかに窒素を入れると熱絶縁性が高まる。また、地上からチューブで温水を供給してもらうこともできる（一九八一年、ボキュローズの泉でトルムジャンが行なっている）。

この待ち時間を辛くないようにするために、減圧潜水箱の使用が進んだ。潜水士は閾値近く（水深六メートル）の洞窟の壁に係留されて、おもりをつけられた囲い箱のなかに、濡れないで入ることができる。

この囲い箱が巻き上げ機に結びつけられていれば、深度を調整することができる。これを使えば、快適な閾値を選択することができる。純粋酸素を吸いながら、一二メートルの深さから探検者は笑い、食事をし、アシスタントの潜水士と会話ができる。

本来の目的とは違うが、大型のゴミ箱が利用できる。しなやかな箱であればもっと運びやすい。

3 飽和潜水

飽和潜水はアメリカ人によって初めて、六〇メートルを越える深さでほぼ水平に数キロメートルにわたって広がるフロリダの水没洞窟網における探検のさいに使われた。潜水士は、数日のあいだ、飽和状態のまま、サイフォンで、その環境圧力のなかで、水中に滞在する〔高深度で長時間潜水すると一定以上の不活性ガスが体のなかに溶けない状態、すなわち飽和状態となる。飽和したあとはどれだけ長くいようと、減圧に要する時間は変わらなくなる〕。

4 ガス再生装置

閉鎖回路型が、昔から軍事用潜水に使われてきた。潜水士は酸素を呼吸し、排出した二酸化炭素をソーダ石灰に捕獲させる。一〇メートルの深さから純粋酸素は有毒となるので、このような単純なシステムは洞窟探検には利用できない。

しかし、混合ガスを利用したもっと複雑なシステムを使えば、一〇〇メートルの深さまで適用できる。

アメリカ製の装置では、閉鎖回路型ですべてのガスが再生されるものがある。

スイス製のプロトタイプのものの場合では、半閉鎖型で、ガスの一部は捨てられて、入れ替えられる。

図16　ラ・ドゥ＝デ＝コリ（O・イスラーによる）

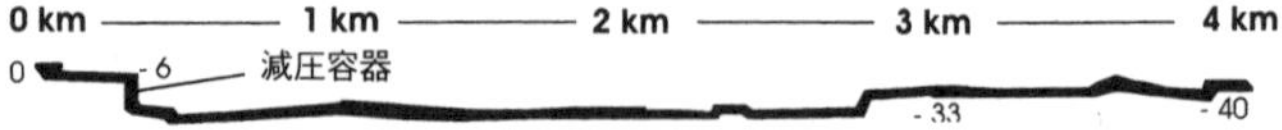

この発明者であるスイス人のO・イスラーは、一九九一年にデウデコリ洞窟を、四五メートルの深さで八キロメートルを、一三時間三五分で往復した。減圧室は水深六メートルのところに置かれた（図16）。

V　ポンプによる排水

水没した通路があまりにも狭いときや、潜水してみて排水による通過が実現可能だと判断したときに、サイフォンからの排水作業に着手する。潜水しないで探検できるのにこしたことはない。電気ポンプを水中にしずめて排水作業を行なう。排水量の大きいタイプがよい。地上から電線をひきまわし、揚水管を設置して、適当な場所に放水する。

簡単ではないが、水路が閉じないように配置する。排水にはカスケード式のポンプ数台を使う、大がかりな作業となる。

排水後すぐ、探検に入るのは危険である。浮力の変化のために、岩の固まりが落下したり、粘土質の堤防が崩壊したりする。

第六章　凍結した洞窟や氷河洞に入る

Ⅰ　はじめに

1　歴史

寒冷地域、あるいは山岳部に位置する石灰洞では、多かれ少なかれ、凍結した氷に手こずることになる。しかし、これがもう一つの魅力にもなるが、通常のケイビング手法とは違った別の方法が必要になる。オーストリアのダッハシュタイン洞窟やアイスリーゼンベルトの洞窟は、二世紀も以前から探検されている。ピレネー地方のマルボレ山塊では、一九二六年に、ノルベレ・カステレが、アイゼンとピッケルを使って、いくつかの凍結した洞窟の探検を行なっている。

氷河の内部にも、空洞が存在する。クレバスや本流から剝離した部分、あるいは、氷が融解してできる水流が、不連続面を氷河上部層から下流部へと流れながら、空洞部を形成する。ある空洞網は、数キロメートルにも達する（アメリカのレーニエ山には一二キロメートルに達するものがある）。氷河洞は、火山地帯では高温ガスによっても形成される（アイスランドには二八〇〇メートルの空洞がある）。氷河の下流先端部から水流が出ていると、トンネルが形成されて、人間が入ることができる。十八世紀以来、そのようなトンネルにはアルピニストたちがよく入っている。氷河の凹穴、すなわち、氷河の表面で融解した水が氷河のなかに消えている吸い込みポイントについては、オートサボア県のメール・ド・グラスで、一八九六年に、バロとフォンテーヌによって探検されている。それぞれ、三〇メートル、五五メートルの深さまで達している。最近では、グリーンランドのスピッツベルゲンで、深さ約一五〇メートルにまで達している、真の氷河洞と言って良いような洞窟が探検されている。

2　氷河洞の特異性

氷の張りついた石灰洞は、氷河の上を行くのと同様な単純な技術でアプローチが可能である。主な危険は、せいぜい、スリップと壁、あるいは天井からの氷塊の落下である。

氷河内の探検はもっと複雑である。氷河は動いている塊であり、その塊のなかの部分は、圧縮されたり、引っ張られたり、つねに変化している。J・シュレーダがスピッツベルゲンで探検したとき、氷河がきわめて高い引っ張りの状態にあったことを記している。そのような状態のとき、ピッケルの一撃、あるいはアンカーの打ち込みだけで、開いた割れ目が、探検している空洞部の氷の表面全域に亀裂を伝播させてしまう。

山岳部にあって移動している氷河は、天井部の崩壊の危険がきわめて大きいし、また、氷河前面にある空洞部への侵入は自殺行為である。

崩壊は別にしても、氷河洞は氷の融解によりつねに変化している。したがって、変化しやすい空洞のなかでは、探検者はつねに転進することを考えておかなければならない。

Ⅱ　装備と技術

1　必要機材

氷の上、あるいは氷塊のなかを進むことは、即席にできるものではなく、適した機材の準備が必要である。イタリアのマルガレイス山塊のスカラッソン洞窟のなかには地下氷河があるが、ある洞窟研究者がアイゼンを付けずに入って、ちょっと滑っただけで、重大な事故を引き起こしたことがある。

温度は一般に零度近くである。山岳用の軽い衣服で充分である。この温度であれば、氷りは硬くないので、アイゼンとピッケルを使えば、登攀や水辺の迂回は容易である。したがって、長靴より山岳用の靴が望ましい。

深い竪穴に対しては、スタティックロープ（ＳＲＴロープ）とアルパイン技術を用いる。ロープの係留は、氷にアンカーを打ちこんで行なう。アンカーは、管状で、一八センチメートルより長いもので、大きな直径のもの（スーパーシャルレ）を使う必要がある。

氷は柔らかいので、小さなアンカーではアンカーに力がかかったとき、氷がその剪断力に耐ええないからである。

2　前進技術

時期として最も良いのは秋の終わりである。表面の水はこおっているが、入り口は積雪で塞がれていない時期である。

横穴の前進は、アイゼンと二本のピッケルがあれば、ほとんど障害を乗り越えるのは容易である。水たまりを回り込んだり、滝を登攀したり、ちょっとした鞍部を乗り越えたりできる。一般に、サイフォンや崩壊部があると、そこで探検は終わる。天井部が安定かどうかしっかりと見きわめる必要がある。同じ場所に長時間留まったりすると、体温や照明の熱によって、天井部の氷がとけて、固定されていた岩などが落下したりする。

第七章　熱帯の洞窟に入る

I　固有の問題

熱帯地方での洞窟探検を経験することは、きわめて興味があることとである。大きな発見は熱帯地方で行なわれているからである。パプアニューギニア、ボルネオ、マダガスカル、中国、メキシコなどである。実際、雨量がきわめて多いことや、石灰岩の層が厚いこと、植生が豊富であることは、洞窟の形成に好ましい要素である。

空路による旅行の一般化と、必要な機材装備の軽量化が進んで、探検領域は拡大してきている。ゲリラによる抵抗であるとか、まったくの侵入禁止地区であるなどといった政治的な理由をのぞいては、洞窟研究家が足跡を残していない地域はほとんどないと言ってよい。ヒマラヤ遠征型の探検であれ、逆に、装備のきわめて簡単な探検であれ、毎年、調査の成果がもたらされている。

湿気のある熱帯地域では、いくつかの心得が必要になる。洞窟そのものの探検が特別に困難でないにしても、絶えまなく降る雨、病気、疲労、が加わるからである。

現地の案内者にガイドしてもらえるにしても、ジャングルで方向を見定めることは、本当に骨の折れる仕事である。

Ⅱ　キャンプ生活

1　前進

概略の地図で所どころ間違っているものや、目に見える目標がないこと、迂回しなくてはならない沼地、直前までそれとわからない障害などが、前進するスピードをきわめて遅くしてしまう。ヘリコプターに頼る場合でも、着陸場所を整備するために、あらかじめ確認をする必要がある。航空写真があれば、前もって辿るべきルートをはっきりさせることができる。大型幅広ナイフ、高度計、羅針盤、それにもちろんＧＰＳは、大切な持ち物である。位置を確認する時は、必ず帰り道を考え、目印として、できるだけ頻繁に、幅広ナイフで木々に切り込みを入れておく必要がある。

衣服の選択は難しい。すべてがすぐに濡れてしまう。たくさんの着替えを持ってゆきたいが、とくに靴下（木綿とウールの混紡で、五足か十足束になったもの）はたくさん必要だ。靴は足を保護し、簡単に乾き、泥のなかでも歩け、足に無理をかけないものがよい。よいと思われるのは、短かめのゴム靴で、すぐ乾かすことができるもの。他の解決案としては、潜水用の薄い上靴の上に、合成繊維で編まれた履物をはくのもよいだろう。

上靴は小さい切り傷から足を守る。泥のなかには傷をつける粒子があったり、水のなかにはバクテリアが存在する。サラワク（ボルネオ）を探検したイギリス隊はムル足病と命名されている、足から伝染する病気（ボルネオ、ムル地方の風土病）で大勢やられたが、ゴム製の靴下でその問題は克服された。二足の軽い靴を持参すべきであり、夜は乾いたほうを履く。暑さにたえることができれば、蚊に対する最もよい防御手段は、長そでシャツと長ズボンを身につけることである。ローションなどは湿気と汗ですぐに流れ落ちてしまう。持ち運びのためには、枝編みの背負子は、植物に引っ掛かったりして不便である。大きな水筒が入れられるような、山岳用の、充分に大きい半径の、チューブ状のサックがよい。ネジ蓋のついた水筒はとても便利である。軽いし、輸送時の保護にもなるし、水中に落ちたときも浮きの役割を果たす。機材を乾燥したまま保存することもできるし、交換部品を入れておくこともできる。また、水を保存するためにも、運ぶためにも使うことができる。飛行機で運ぶときは、荷台は減圧状態になるため、蓋を硬く閉めないように心がける必要がある。

2　ベースキャンプの編成

ベースキャンプは、雨や虫から保護されていることのほか、食事を取ることができること、測量図を書くことができること、機材を保存して手入れができることが必要である。探検のはじめの一時期をキャンプで過ごすことは、あとで良い結果をもたらす。

一番憂鬱なものは雨である。雨は地面を濡らし、川の水位を数メートルあげてしまう。キャンプ地は、できるだけ高い場所を選ぶ必要がある。

設営の簡単なキャンプとしては、二つの木のあいだに渡したハンモックは良い案であると思う。もっと長い滞在期間であれば、地面から高いところに木でプラットフォームを作り、幌で覆ってやればよい。寝具は空気マットの上か、苔を集めた上にしけばよい。虫に対する保護は蚊帳で保証されるが、これを使うより、屋根が二重でなくても安価なカナディアンテントを使えば蚊にさされずにすますことができる。

虫をもっと完璧に遮断したいのであれば、地面に敷く防水加工マットを使うべきだ。簡単に木にかけたり、村の小屋のなかでかけたりできる。熱帯の蚤はどん欲である。

キャンプはしっかりとしたねぐらを確保する以外、蜘蛛、さそり、蛇などの招かざる客から身を守ることにある。キャンプのまわり数メートル以内から植物を遠ざければ、それらの存在を制限できる。基本的な用心のなかでは、とくに、靴を履いたり、衣服を着たり、サックを背負う前に必ず、靴や衣服をふってみることを勧める。とくに雨が降ったあとには、夜に手や腕を外に出さないこと。素手で石をひっくりかえさないこと。

とりわけ、料理をする場所は、いろいろな動物を引き寄せる。食料はしっかりと蓋のしまった容器にしまうこと。猿には、箱をあけられるので注意を要する。

熱帯の森林のなかで火をおこすことは、湿気があるため容易ではない。時によって、木の皮をむき、木屑を作って点火しなければならない。雨が降って湿気がひどいときは、小さな木の木屑のなかに、少量の炭化カルシウム（カーバイド）をまぜることもある。

3　疾病

残念ながら、体調が万全であっても、病気にかかりやすい。異国の病気に対してもとから免疫であるということはまれである。多くの病気は長い潜伏期間をもち、自覚症状が出るのは、自国に帰国してからだ。高熱が出た場合、掛かりつけの医者には熱帯地域に滞在したことを告げる必要がある。実際に、マラリアはかぜとよく間違われる。

マラリアは、寄生虫であるマラリア病原体（住血虫）により引き起こされる、よくある病気である。それに対しては、かつてはキニーネが使われていたが、現在ではあまり使われていない。発病した本人は、気分が悪くなり、だるくなり、時には吐き気をもよおす。熱も周期的に発生する。この発熱は、必ずしもともなわない場合もある。現在、マラリアに対する薬は二種類しかない。ラリアムとハルファンである。ラリアムは予防薬として使われる（一週間に一錠）が、多くの人びとは、それに我慢できない。治療薬にしては、副作用があまりにもつらいからである。ハルファンは、我慢できるが、予防薬としては使えない。

そのほかによく見受けられる問題は、傷による伝染である。ちょとした切り傷、擦り傷、蛭による傷口から、たちどころに伝染する。しっかりとした消毒が必要であり、滅菌軟膏や、抗生物質を塗る。長時間の酷使によって弱まった足は、傷つきやすい部分となる。そこから細菌が入って、増殖することがよくある。

中国で、皮膚伝染病の犠牲になったことがあるのだが、おそらくは、砂のなかを這いまわったために、皮膚に受けた小さい切り傷から、濡れた水をとおして、感染したものと考えられる。その洞窟は、人間の糞が肥料として使われている場所の近くを流れる小川の真下にあった。抗生物質の服用が必要だった。

ほかにもたくさんの病気が報告されているが、その地方に特有のものが含まれていたりする。したがって、出発の前に、病気に関する情報を得ておくことが必要だ。どんな風土病があるのか、その症状や予防法、治療法はなどについてである。寄生虫は人間によって媒介される。村の下流側にある水は、よどんでいたりするので、浅い場合は、とくに注意が必要である。

水は、病気の主要媒介物である。ふれたり（ビルハルツ住血吸虫病）、胃に入れたりすることで発病しうる。したがって、あらかじめ処理をせずに水を飲むことはきわめて危険なことである。石灰岩地域ではなおさらであり、洞窟は何千というコウモリが住処としており、そこに湧き出している水は、たとえ透明に見えても、まさに細菌の培養液である。

水の処理には三種類の方法が使われている。

――煮沸：中国にいるときはすべてこれを採用。魔法瓶のなかにお湯を保存した。この方法は、時間がかかり、エネルギーを消費するので、洞窟キャンプにはあまりすすめられない。

表9　薬剤の例

切り傷，毒の入ったかみ傷向けにソリュデカデウロン注射液
幅広く使える抗毒剤（オグメンチン，ピオスタチン）
抗毒軟膏（ベタデイン，フシジン）
防蚊軟膏
マラリア治療薬（ハルファン，ラリアン）
マラリア予防薬（ニバキニーネ，フラボキニーネ，ラリアン）
アスピリン
包帯と絆創膏
膨張できる添え木
接着縫合剤（ステリストウリップ）
抗毒スプレーガス
60度のアルコール
腹痛剤（インテリックス，エルセフリル）
下痢止め（イモデイウム）
吐き気止め（プリムペラン）
炎症止め軟膏または錠剤（ニフルリル）
抗菌軟膏（ペバリル）
水のに溶かす解毒用錠剤（ミクロピュール，ハイドロクロナゾン）

複数の数を準備し，それぞれ別のサックに入れ，1つのサックを失ってもよいようにすることをすすめる.

――ろ過：いくつかのタイプがある。この利点は、すぐに透明な水が得られ、持ち運びができることである。ろ過フィルターを使えば、洞窟探検中、いつでも水を飲むことができる。

――滅菌処理：錠剤（マイクロピュア、ハイドロクロナゾン）あるいは液体（ジャベル水）でいくつかあり、ほとんどの菌を殺してしまう。しかし、よく容器を振って、少なくとも一時間待つ必要がある。水が混濁していたり、水温が高いと薬品の味が強く感じられるのだが、シロップでその味を隠すことができる。この方法が最も実用的である。錠剤はかさばらないし、個人ごとの装備として持つことができる。必要に応じて、大量の飲料水を、汚れを見ながら、しかも四八時間以内に準備できる。大きな密閉容器があれば、有効な保存が可能である。

Ⅲ　探検の難しさ

1　リギング（ロープの係留）

洞窟へのアプローチは、切らなければならない植物のために、結構、複雑である。手に大型の幅広のナイフをもちながらロープ操作をしなければならず、ロープを切り込むリスクもある。

地表では、石灰岩は、一般に腐食しているので、アンカーによる最初のリギングは難しい。木や岩などの自然物での係留を見込む必要がある。

洞窟網のなかでも同じような問題がおこる。岩はしばしば凝結してできており、方解石はとても変質している（ムーンミルク）。石筍は内部が腐食している可能性があり、アンカー地点としてはきわめて危険である。

2　水

水量が多大で、一秒あたり数立方メートルを越えるような水流で流されたメンバーは、すぐに見失ってしまい、救いようがないだろう。唯一の方法は、壁に固定した手すりにそって、進むことである。激しい水流を横断するとき、パプアニューギニアにおける探検のときには、海洋向けのリュージュを用いた。

3　動物

洞窟の入り口はしばしば動物の隠れ場所となっており、無視しえない危険を呼びおこす。ジャガー（ガテマラ）や水牛（ガボン）は生活が邪魔されるのをいやがる。ワニやサメにも、地下川（マダガスカル）で出くわす。小動物はもっと頻繁に出くわすが、時には大型動物よりも危険である。土ぐも、さそり、蛇、むかでに対しては、それぞれに特別な調剤が必要である。一般的な心得としては、目に見えないところには絶対に手をさし入れないことである。ある種の登攀にとっては無理があるかもしれない。靴カバーや手袋は、保護のためには無視できない。

Ⅳ　原住民との交流

探検というものは征服した領土へ行くのとは違うのだ。その地方の住民への配慮が必要である。その地方の住民は、さまざまな知識や習慣を持っている。その地方の言語のいくらかを覚えることはけっして不可能ではなく、それができれば、多くの門戸が開かれてくる。ある洞窟は神聖なものであったり、あるいは墓地として使われていることがある。ただ、そこに入っただけで、重大な冒瀆と見なされることがある。時々、彼らから危険やタブーと信じられていることを告げられても、危険を過小評価して、原住民の言うことを聞かない場合がある。ある場所では、それが命取りになる。原住民が水浴びするなと言った場所で水浴びをすると、ワニやフカの餌食となるであろう。フカは海から一五〇キロメートルも川を遡って洞窟に到達できるのである（マダガスカルのアンカラナ洞窟）。

第八章　危険と救助

I　地底における危険

地下の世界は、それ自身としては、ほかの自然環境よりは危険は少ない。海や山の危険度とくらべると、確実に小さい。しかし、事故の結果は、きわめて劇的である。閉じ込められた空間であることと、断絶されていることにより、救助のために中に入ることがとても大変になるからである。本当の危険は、無知や疲れ、なんとしてでも前進するというような間違った決定をすること、警戒を怠ったとき、なのだ。

1　環境の安定性

最初にその洞窟を探検するとき、洞窟探検家は、数千年のあいだ平衡状態にあった環境に侵入するのである。その侵入自体が、平衡状態を崩すことになる。探検家は、寄りかかったりすることで、岩の塊をひっくり返したり、堆積物を不安定な状態にしてしまうかもしれない。したがって、入ってゆくときは、けっして危険な場所に行かないこと、バランスを乱すような危険はおかさないことが絶対に必要である。

急な傾斜面や竪穴を降りていく前に、まわりに危険なものがないように注意し、整備しておく必要がある。機材を設置する前に、もちろん、そのまわりも、きれいにしておく必要がある。すでに探検されている洞窟であっても、大雨が降ったりするとそれが環境のバランスをこわす原因になったりもする。自然であれ人為的であれ、水がひいたあと、岩塊が落下してくる危険は大きい。実際、岩塊の静的安定性は浮力の変化によって変わってしまう。

2 ガス

ありがちな事故の原因は、ガス中毒である。ガスの種類はいろいろあるが、メタン、亜硫酸ガス、一酸化炭素、最も多いのは二酸化炭素である。植生が豊富で、湿度の高い地域でよく発生する。ガスは植物の発酵により生成されるのであろうが、もっと深い場所で生じる原因のものもある。最初の徴候は単なる息切れで、訓練不足や、疲れからくるものと考えられやすい。呼吸がだんだんと早くなり、肌に赤みがさし、顔色は白くなる。意識を失い、そしてガスの量が多いと、死亡する。空気の循環がよいところへ戻れば、症状は消える。とくに、竪穴を降りているときは、ガスはきわめて危険である。竪穴を戻ろうと登る力をしぼり出すことは、ほとんど無理である。

幸いに、アセチレンランプは有力な味方となる。酸素の欠乏を感知できるからである。酸素が欠乏すると炎が赤くなり、煙りを出す。呼吸ができなくなるぐらいまでは、燃え続けている。探検の途中で、息切れしたり、ランプの光度が下がってきたら、それは炭酸ガスの存在の警告である。炭酸ガスの割合が大きいことは、それだけ石灰岩を溶解しやすいということであり、実際、炭酸ガスの割合が多い地域では、石灰岩の溶解が激しいことが観察されている。石灰岩の溶解の様子は、炭酸ガスの割合を推定する目安となる。

より詳細に測定するには、ガス計（ドレガーポンプ）で測ればよい。

炭酸ガスは空気より重いので、新鮮な空気を洞窟内に吹き込むよりは、上層部にある空気を吸うほうがよい。一般に、ガスの存在は、時間とともに変化するため、探検を延期することを思いきったほうがよい。

竪穴を下降する前に、ロープの先端にアセチレンランプのついたヘルメットをつけておろして、ガスの存在を試験することができる。ガスの割合が多いと、炎に、次の順番で現象があらわれる。

——炎の高さが減少し、色が赤くなり、煙を発する。

——炎がほそ長くなり、揺れ動き、色が多色になる。

——炎が完全に消える。この時、死亡の危険がある。

サイフォンから水抜きをするときは危険である。水ポケットの背後にガスが蓄積されていたりすると、排水したとき、ギャラリのなかにガスが侵入してくるからだ。ベゲの洞窟（アルプ・マリティーム県、フランス）の水抜きをしたとき、一人の洞窟探検家が、まさにこの理由により意識を失った。すべてのアセチレンランプが完全に消えてしまったが、幸い、パーティーの一人が電気照明装置をもっていたので、一部始終を見ることができた。呼吸停止の状態であったが、外に連れ出して救助することができた。

3　増水

嵐や大雨のあとは、洞窟に水が集中する。水は突然に激しくやってくる。増水時には、三種類の事故が想定される。溺死、冷たい水に長く触れているとおきる低体温症、出口が水でふさがれる封鎖、である。水が減水するまでに、数か月はかかる。

Ⅱ　竪穴に特有の危険

1　落下

洞窟における死亡事故の三〇パーセントは落下によるものである。機材のせいであることはめったにない。ほとんどの事故は、不注意と軽率な過失によるものである。最も多い事故は、竪穴上部における滑落である。竪穴のまわりの移動のために、手すりをつけたり、壁にロープを固定したりすることで、防止することができる。アンカーのはずれも原因の一つであるが、これも、アンカーの取りつけがまずかったり、ボルトのネジ止めが悪かったりと、基本的には人間の過失によるものである。

2 物体の落下

機材を配置するときに、竪穴のまわりをきれいに整備しておけば、岩の落下の危険を少なくすることができる。岩以外にも、いろいろなものが頭にふってくる（人間もふってくる）ことを考えておくべきである。基本的な心得規則としては、竪穴の下に避難場所を確保しておくことである。

3 水

灌水している洞窟、あるいは増水のあと灌水する可能性のある洞窟では、水は死亡事故の重要な原因となる。ロープにぶら下がった洞窟探検家が、突然あらわれた冷たい滝のなかに入ってしまう可能性もある。直接水を飲んで溺死する危険があるのは明らかだが、アエロゾルを吸い込んで溺死することもあるということを指摘しておこう。

呼吸のたびに、少しずつ、水が肺のなかに満たされてゆく。水にはまた吸熱作用がある。われわれの仲間であったジョエル・デノアーゼは、簡単な木綿のつなぎを着て、非常用の照明ももたずにいたため、生命を失うことになった。マルガレイス洞窟（アルプマリティーム県、フランス）の滝のなかに閉じ込められ、照明は消え、体力を消耗し、ほんのすぐ近くにあった避難場所さえ見つけることができなかった。

この種の洞窟では、水を通さないつなぎと、非常用照明は不可欠なものである。いずれにせよ、水がくるような場所からできるだけはなしてロープを置くようにすべきである。

4　ハーネス症候群

ＳＲＴ技術（シングルロープテクニック）の一般化によって、新しい型の事故が生じるようになった。ロープ装着部から懸垂していて、何かがおこった場合、長時間ぶらさがっていると、死亡事故にいたることがある。そのメカニズムはまだはっきりしない。研究室での実験では、ハーネスで、動かずに楽にぶらさがっていても、しばらくすると、気を失ってしまうことがあるということがわかってきた。

Ⅲ　地底における救助

1　歴史と組織

洞窟探検の世界は、自分自身で責任を取らなければならない環境にあり、九〇パーセントが地底への介入である。

地底での事故は、地底探検と同様、昔からある。洞窟探検の黎明期においては、救助は事故の目撃者により行なわれ、救急用担架で負傷者は外に運び出されていた。

一九五〇年に、クルーズの洞窟（ドゥーブ県、フランス）の増水で六人が死亡した。これが、その地方自治体と、その当時の洞窟探検組織の責任者の注意をひきおこし、事故の防止と救助組織について検討がなされ、地方組織が作られた。

しかし、竪穴探検がますます盛んになるにつれて、重大な事故が増大してきた。一九六〇年代になると、洞窟探検実施規則の必要性が検討され、市民保護の協定により、救助組織が地方にもうけられた。地下医療という概念も発展しはじめた。医者が地底に降りてゆき、負傷者の救命処置を行ない、一番良い状態で外に出すことを可能にした。一九七〇年代になると、フランス洞窟学連合がボランティアを集め、国と協議し、フランス洞窟救助隊を結成した。救助隊は、それ以来、改善の努力を続けている。このようなボランティアによる強力な組織は、フランスだけでなく、外国での洞窟事故にも対応することができる。ボランティアに負傷者を救い出す技術を教育するために、一定期間、ボランティアを集めて定期的な訓練を行なっている。

2　技術

まず、負傷者は危険地域（落石、水、竪穴の縁）から遠ざけ、レスキューシートをかけ、横に寝かす。一人が横に待機し、他のメンバーは連絡に行く。数時間後、医者の洞窟探検家が来て、負傷者を手当て（固定したり、器官内を灌流したり）する。負傷者は洞窟用に特別に配慮された担架（セミ・リジッド）にのせられる。担架が通らない狭洞ならば、掘削チームが来て、担架を通すために穴を広げる。現在の技術では、必要があれば、負傷者のごく近くでも爆薬で穴を広げられる。竪穴での引き上げには巻揚げ機を用いる。リフトアップを容易にするために、ケイバーがカウンターバランスの役割を果たす。

洞窟の底から外傷のある負傷者を救助するためには、数十人のボランティアで数日かかる。増水のあと水没した洞窟内に閉じ込められたパーティーに対する救助では、穴を広げたり、出口の水面を下げるために土盛りをしたりする。もし減水する時間をあまりにも長く待たなければならない場合は、潜水士が、食料や潜水具を遭難者へ運ぶ。負傷者が、サイフォンを通過できるように、防水性の担架も準備されている。

3　通信

難しい救助のときは、地上と地下で通信ができることが重要である。ラジオの電波は、岩のなかは伝わりにくい。普通の送受信機で、ほとんど役にたたない。しかし、地下に少しはよく伝播する極低周波を使う試みはなされている。当面は、洞窟のなかに電線をひく以外にない。地下にうまく対応したシステムがいくつか開発されている。

第九章　ディギングの技術

I　ディギングの目的

1　狭洞と埋設

洞窟や深淵とは人間が入っていける寸法の地下の空間であるが、ほとんどの地下空間は、あまりにも小さくて入って行けなかったり、入り口がなくて外から入れなかったりする、人間の侵入を阻止する空間である。水流による掘り下げが不十分で大きな通路が開かれていなかったりとか、あるいは二次的な要因により狭窄部が崩壊物や堆積物や凝結物によって埋められていたりするときは、狭洞部はごく一部分にあるにしかすぎない。洞窟探検には、したがって、通路を押し広げる（ディギング）局面に、結構、遭遇する（写真6）。

埋没が人間によってなされたものもありうる。きわめて伝統的に羊を飼っている地方では、小さな入り口は、牧童たちによって、動物が落ちないようにわざと塞がれているか、あるいは、畑から取り除いたあとの小石が投げまれている。

写真6　洞窟におけるディギング

したがってフランスでは、事実上、明らかな入り口は現在すべて探検されつくされており、数メートル先からすぐ仕事が始まる。割れ目での凹みなどは、地下に空洞があることを示唆している（第一章参照）。

入り口の盛り土を除去するのは、土いじりの昔からの工具一式あればできるし、深い場所においての作業は、持ち運びができて、ケイビングに適したもの、すなわち、アクセスが難しい場所や湿気が多い場所に適したものが必要である。

2　エチケット

空洞を広げる作業は、必ず、破壊を伴うし、多かれ少なかれ、環境に悪い影響を与える。作業は最小限で行なうようにし、探検の目的と、救助のために道内を担架を通すときだけである。狭洞の拡張を行なった場合の悪い効果として洞窟の気候を変えてしまうことがある。その結果、堆積物や先史時代の足跡を、はからずも変化させてしまう。大きな作業のときは、有毒ガスや燃料である炭化水素は、動植物に悪い影響を与えるかもしれない。障害の除去は、行き来を楽にさせることになるが、少し難しいぐらいの狭洞であるほうが、門をつけるよりは、公衆に対して、入洞を思いとどませるにはずっと効果的である。

Ⅱ　機材と技術

1　道具と昔からの技術

大槌とのみがあれば、非常に限られた狭窄部を拡大できる。鉱山用の鉄棒、くぎぬき、自動車の起重機、ジャッキがあれば、石のブロックの根元をあらわにしたあと、移動できるであろう。もっと大きいものであれば、巻き上げ機で動かしたり、古いロープか金属ワイヤーで引っ張ったり、それでもだめな場合は、自動削岩機のくさびを岩に固定する。入り口の近くであれば、自動車でブロックを引っ張ることができる。動かせる堆積物、粘土、砂、砂利は、折りたたみ式のシャベルかすきで、バケツまたは袋に入れる。狭洞の拡張で本当に難しいのは、作業現場と貯蔵場の除土を、うまく安定させ、しかるべきところに置くことである。置き場の選択には気をつけなければならない。最初の除土を置いたところを新たに広げなくてはいけなかったりというような、無駄な作業をしないようにする必要がある。また、安定させて置かないと、もちろん危険でもあるのだが、置いた山が崩れて元の場所を埋めてしまったりして、がっかりすることもある。大規模な拡張が必要と考えたときは、強力な道具を使って、大胆な攻め方をとることも必要である。撤去のためには、もっと手のこんだ、ウインチ、索道車、軌道を設置することになる。

安定の悪い環境では、長寿命の材料でできたもので支える必要がある。崩壊物のなかにある竪穴の入り口には、セメントで固めた通気管を設ければ、よい解決策となる。岩石に対する作業では、削岩機を使えば速い。一度穴をあけてしまえば、拡張セメントや拡張機（三分割された金属栓）を使って破砕することができる。爆発物の使用もよく使われる技術である。

Ⅲ　爆破によるディギング

1　爆発物

爆薬や起爆剤が簡単に調達できた恵まれた時代は、テロリズムの波にのまれて過ぎ去った。こんにちでは、爆発物の入手と使用は、法規で厳しく規制されている。ケイバーのなかには、法の網をかいくぐって、危険な技術と製品を使っている者もいる。塩化ナトリウムと砂糖の混合物をベースにした、黒色火薬あるいは猟銃用の火薬、フラッシュのバルブで手づくりの起爆材などである。われわれとしては、忠告してやめさせるしかない。フランス洞窟学連盟では、爆発物取り扱い者の講習会を定期的に開催している。

現在、爆発物の扱いとして、二つの方法がある。

——土木作業で使われる昔からのやり方で、ある程度は洞窟に適応させたやり方：大量の爆薬をはりつけたり、あるいはあけた穴のなかにしかける。

――五グラム以下の火薬を、小さな直径の穿孔に装荷して、電気的に起爆する小型爆薬。

通常使われるのは、火薬はダイナマイトか、湿度に強いゲル状火薬、点火コードと中程度の電流の強さの電気起爆機である。導火線や電流の弱い電気起爆機は、いまでは市販されていない。ラジオの発信電波や高電圧送電線からの気まぐれな放電によって電気が流れ、多くの事故が発生したためである。

2　爆薬の点火

削岩機で岩に穴をあけ、雷管を装着して、弾薬筒の奥に詰めた爆薬に起爆機をつけ、穴のなかにしかける。起爆機の電線は、つねに短絡させておく。詰め物は木製の棒で入れる。ガスを発生するようなつめ物の材料は避けること（プラスチック、湿った紙）。

作業現場から人や物、ほかの電線類を遠ざけ、火工手が導火線をくり出してゆき、その末端は短絡させておき、起爆機に接続する。回路はデジタル抵抗計で確かめ、それから起爆装置、あるいはバッテリーに接続する。爆破のあと、少し待たなければならない。時間は爆発物の特性や量、および、洞窟の換気性によって変わってくる。発生するガスはきわめて有毒である。

3　小型爆薬

ペントライト形式の小型爆薬は、最近よく使われてきている。岩に小さな直径の穴をあけて、導火線と増力装置を具備したペントライトの充填されたアルミニウムの小さなチューブを差し込んで爆破させることが、地質探査でよく使われる。これは、他の爆薬とくらべて、有毒ガスが少ないという特長がある。双方とも、点火は、起爆機によって行なう。しかし、注意が必要なのは、ペントライトは不安定であり、導火線をはだかにしてはいけないということだ。

小型爆薬は非常に精密な作業を可能にするし、救助のときに、換気がうまくゆけば、負傷者のごく近くで爆破させることができる。

4　削岩機

大規模な拡張作業のときのベースとなる。昔からある、地上に発電機を置いて二二〇ボルトで動く削岩機は、以前から使われている。削岩機によって、最大直径三二ミリメートルの穴まであけられる。地上から穴のなかまで、長々とコードを引きまわさなくてはならないので、感電死の危険をおかすことになるので注意が必要だ。全体が二重絶縁構造になっていればよいが、絶対にアースを取る必要があるし、三〇ミリアンペア以下の電流で作動する、信頼できる遮断器が装備されている必要がある。

最近では、バッテリーつきの自律型削岩機が出回っている。洞窟探検では、アンカーボルトの固定のために使われている。簡単に持ち運びできるし、一五ミリメートルまでの小さい穴をあけることができる。そのなかに小型爆薬をしかけることができる。通常のバッテリーは、高額なうえ、容量が小さいので、自分で少し細工をすることで、大容量鉛バッテリーに置き換えることができる。

熱削岩機が使われたりもするが、きわめて有毒な一酸化炭素を出すので、時には、身体に回復不可能な損害をもたらすことがある。

5 危険

うまく制御できなかった爆破は別にしても、すでに実証されている技術や材料を使えば、危険はほとんどない。爆発物の使用による主な危険は有毒ガスの発生で、それが死亡事故の原因となる。実際上、すべての爆発物は、硝酸ガスと炭酸ガスを発生する。その結果はさまざまである。目や気道への刺激、肺浮腫、嘔吐、窒息、意識の喪失などである。作用はそれとなくおよぼすから、無臭であることが空気の清浄さの証拠ではありえない。

第一の心得は、爆発させた場所にしばらく戻らないことである。洞窟が塞がれている状態であれば、数日間必要である。

たまたま人が入るということがないように、洞口に入洞禁止の看板を立てておくなどといった注意が必要である。空気の質の監視は、ガス計（ドレッガーポンプ）で可能である。

換気がきわめてよい洞窟では、爆破のあとで戻るときに、有毒ガスの雲に囲まれないように注意すべきである。とくに、深い竪穴では登りに時間がかかるので、注意が必要だ。

爆破に失敗しても、不発の爆薬を取り出してはいけない。詰め物を、水をつけて取り出したあと、新しい爆薬を前の爆薬に接触させて入れる。爆破に失敗したあと、その挿入口にもう一度穴をあけるようなことは禁物だ。

6　法規

想像できるように、きわめて制限されたものである。購買は、定められた供給者から、県庁からの許可書の発行に基づいてなされる。許可書の申請は、使用場所の警察に対して行なう。

爆発物は、定められた容器におさめられなければならない。車による少量の輸送は、火薬と起爆機を分離して、それぞれが金属製の容器に入れられる。その容器は車に固定され、カギがかけられる。しかも、警報機つきである。

爆発物の使用については、爆発物取扱者の認定証の取得が必要で、地方監督局によって行なわれる研修により認定される。

第十章　測量と作図

I　図面化する目的

地下世界の地理学者でもある洞窟探検家は、探検した場所をできる限り詳細に記録しなければならない。図面が書かれない限りその洞窟は存在するものとしては数えられないのである。したがって、洞窟調査計画の基本は、図面の作成にあるのだ。探検と測図が組みあわさることによって初めて、洞窟学は記述される科学となっている。

地下での測図の作業は、面倒臭いように見えるが、探検時に少しの負荷がかかるだけである。ある厳密さが要求される方法であるが、洞窟探検をより有効にすることができる。

理想的な測図チームは四人から構成される。先頭を行く二人の探検者が経路を探し、器機をセットする。二人の測図者がそれを追っていく。何回も経験したことのある慣れたチームであればそれほどの時間はかからない。

II　必要な道具

洞窟では、土木測量で通常用いられる器具であるセオドライトや測量計はめったに使われない。洞窟は、一般に、くねくねと曲がった回廊であり、図面は歩行作業で得られるものである。大空間の部屋や大回廊に立ち止まって周方向を狙うようなオーソドックスな方法は、例外的にしか用いられない。

1　角度

標定は北磁極を基準に決められる。コンパスが最もよく使われる。オイルコンパスで二分の一の精度が出せる。評判が良いのはスント製の照明（または発光）つきのものである（電池またはトリチウムで発光）。

2　傾斜角

水平面に対する角度を計測する。上方に対して正、下方に対して負とする。オイルクリノメータ（測斜計）を用いる。二分の一の精度が得られる。

図１７　トポフィル（測量用糸巻）

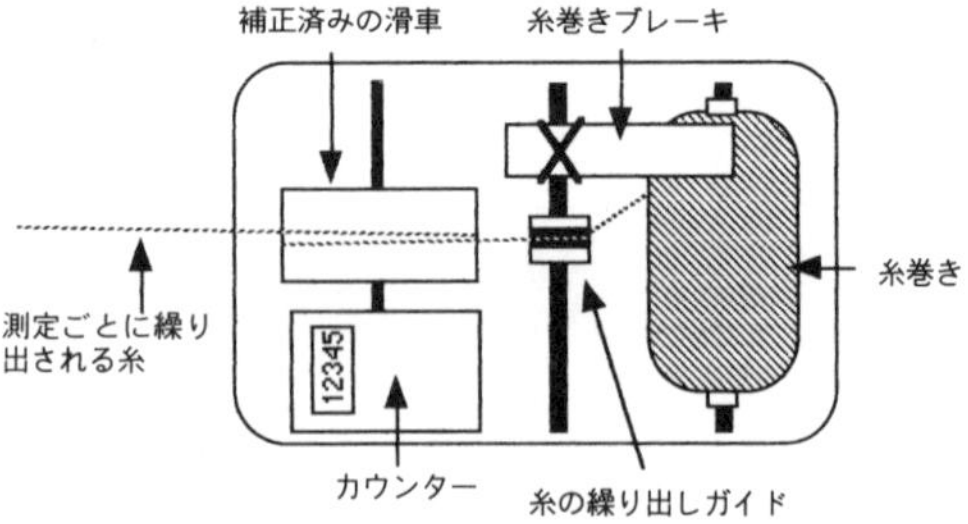

3　長さ

長さを測る道具は、必ず検印されたものでなければならない。単純で、強く、精度の高い、グラスファイバー製の巻尺がよく使われるが、面倒臭い巻き戻しや、その長さに制限があるため、垂直の深い井戸に対して使いにくいことから、洞窟探検家にはトポフィル（測量用糸巻き）が使われている。これは、紐が巻かれている糸巻きドラムから糸をほどいてゆくと、計数器がセンチ単位で長さをカウントしてくれる（図17）。糸の弾性と先端部のおもりによって誤差（三から五パーセント）が生じるが、迅速に距離をはかれる利点がある。

新しい世代の計測器として、超音波距離計がある。その原理は、発振器と受信機のあいだを、赤外線あるいは超音波の時間差で測るものである。使用する場合は、湿度にきわめて敏感であるため、注意が必要である。

4 記録

水あるいは泥はいろいろと記録するときに障害となる。防水した容器のなかにテープレコーダーを入れて使うという案も試されたが、それによってスケッチをすることはできないし、絶えず故障の心配に悩まされる。

洞窟が湿っていなければ、鉛筆と単純な紙が最もよく使われる。水中で書けたり、消しゴムで消せるのであれば、白いポリエステルの紙でもよい。地下測量のために特別にあつらえたポリエステル製の手帳はある。このポリエステルの紙は、一枚ごとでも買えるので自分の手帳を作ることもできるし自分なりに工夫して記録することもできる。

Ⅲ 作図の方法

1 進行経路

測量は、一般に、洞口から始まる。測量者は、入り口の目立つ場所、たとえば大きな岩、鍾乳石などに立つ。それが基点0となる。次に、アシスタントが巻き尺、あるいはトポフィル（測量用糸巻き）を引っ張ってゆき、次の目立つ地点で止まる（回廊の始まる場所とか、井戸の基底部、曲り角）。その地点が基点

1となる。基点0と基点1の距離を測る。測量者はアシスタントが照らした点をねらい、方位と傾斜角をはかり、かつ左右の幅を測り、そして、天井の高さと地上から立っている地点の高さを測る。測量者はアシスタントの方向に進み、アシスタントの示す場所に正確に立ち止まる。測量は、前と同じように、今度は基点1から基点2について行なわれる。

したがって、それぞれの点が、三次元空間での標点／基準点となる。図面化することにより、回廊の形状がはっきりし、目立つもの（堆積物、岩塊、水たまり）の位置を表わすことができる（図18参照）。

基点には、なにか具体的なしるしを書いておくべきである（ケルン、黒煙のあと、さし串、ペンキ）。消えないしるし、たとえば合成樹脂でコーティングした名札、くぎ、ボルトなどであれば充分に役割を果たす。基点が交叉路にあるときには、基点番号を表示しておくと、あとで主進行路を回廊の図面に結びつけることができる。このような簡単な方法でも、図面を起こすときに少し注意を払えば、一パーセントの誤差に抑えることができる。結果は、その誤差次第である。測量者によっては、往復でそれぞれ計測しながら図面を作ったり、あるいは、前方と後方とを分けて両方計測しながら図面を作る。

フランス電力が一九五七年にベルナ・チェンバー（直径二三〇メートル）にトンネルを掘ったときに記憶に残る災難があった。そのトンネルは、ごく単純な技術に基づいて記述された図面を頼りに掘られた。図面化の段階で細心の注意が払われたのであるが、トンネルは数キロメートルにも及ぶ長さがあり、累積した誤差により、ベルナ・チェンバーの実際の位置は考えられていた位置より四〇〇メートル離れていたのである。多くの洞窟でこのような誤差はありえるのである。

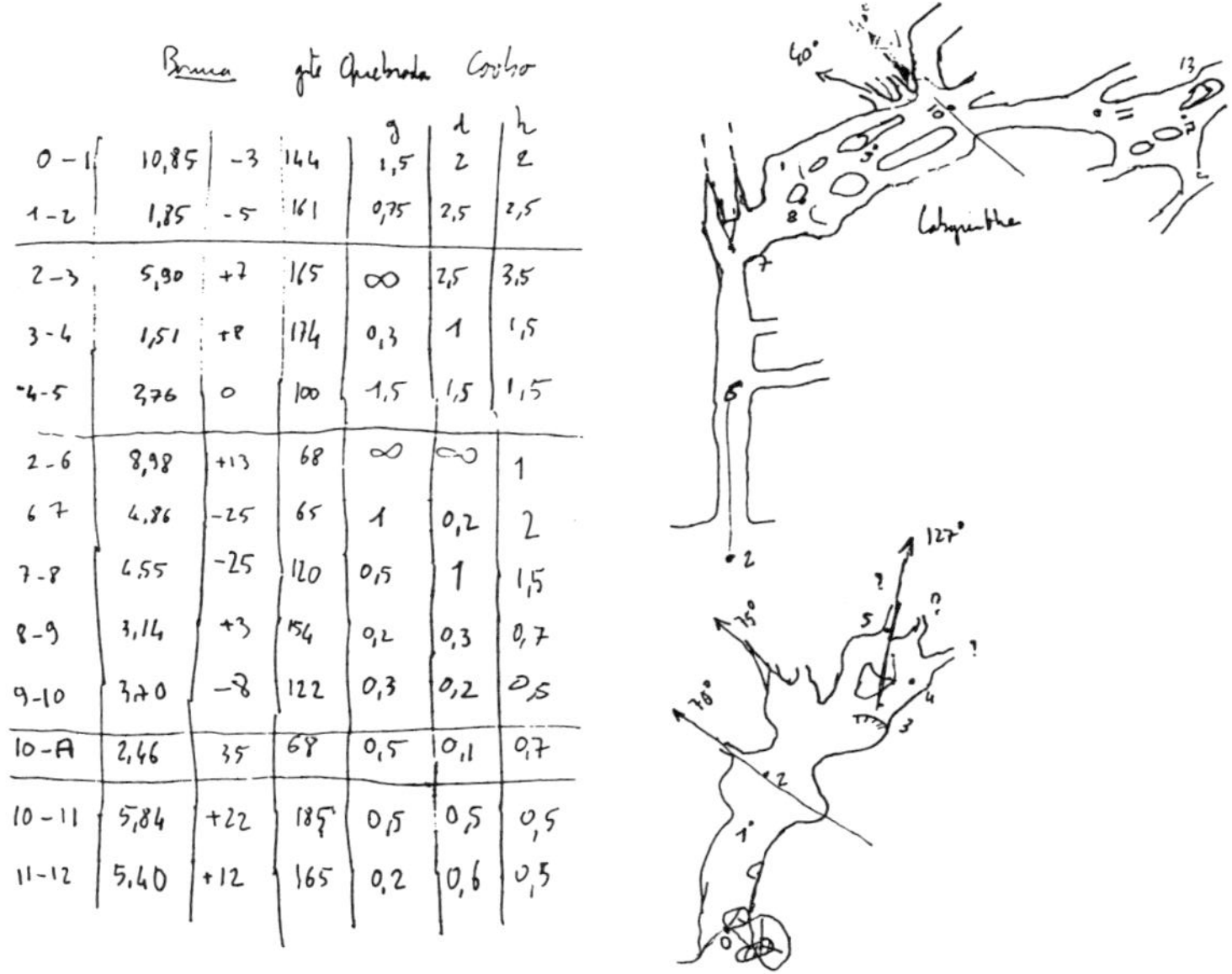

Brma gte Quebrada Corbo

				g	d	h
0 – 1	10,85	-3	144	1,5	2	2
1 – 2	1,85	-5	161	0,75	2,5	2,5
2 – 3	5,90	+7	165	∞	2,5	3,5
3 - 4	1,51	+8	174	0,3	1	1,5
4 - 5	2,76	0	100	1,5	1,5	1,5
2 - 6	8,98	+13	68	∞	∞	1
6 7	4,86	-25	65	1	0,2	2
7 - 8	4,55	-25	120	0,5	1	1,5
8 - 9	3,14	+3	154	0,2	0,3	0,7
9 - 10	3,70	-8	122	0,3	0,2	0,5
10 - A	2,46	35	68	0,5	0,1	0,7
10 - 11	5,84	+22	185	0,5	0,5	0,5
11 - 12	5,40	+12	165	0,2	0,6	0,5

図１８　測量図面をおこす

深度については、高度計で測ることができる。地上部にもう一つの高度計を置き、気圧の差を測れば高度差が出せる。それぞれの深度で時間とともに気圧を計測し、地上の高度計で補正を加えればよい。腕時計式高度計（カシオ）の温度を一定にたもつようにして、手袋の影か、袖の下に入れて、空気の流れから遮断して測れば、充分に高い精度が得られる。

2　天井の測量

手が届かないことが多いので天井の測量はめったに行なわれないが、いくつかの方法がある。

あまり高くない天井であれば、ゴム製の風船を糸に結びつけて飛ばし、高さを推定する。

フランスの巨大なチェンバーの天井の研究を行なうため、ヘリウムを入れて膨らませた腸膜製風船に、結び目をつけた縫い糸を結び、一メートルごとに色分けした。釣り竿のリールにセットしたものを使って、すばやく、一五〇メートルの高さを測ることができた（ヴェルナ・チェンバー、ピエール＝サン＝マルタン洞窟、写真7）。

トポフィルの端に風船を結びつけてもよい。ヘリウムは、小さなスチール製の容器に入れられて売られている。とくに危険はない。国によっては、子供の風船向けに市販されている。風船の上昇は、よく上から落ちてくる水滴によって、減速させられるし、風船も重くなる。空洞内に風があるときは、釣り鐘のようになったところに風船がはまるようにすればよい。おろすときは、そこから垂直にひっぱるようにする。

写真7　ヘリウム風船による天井の測定

図19　三角法による天井の測定

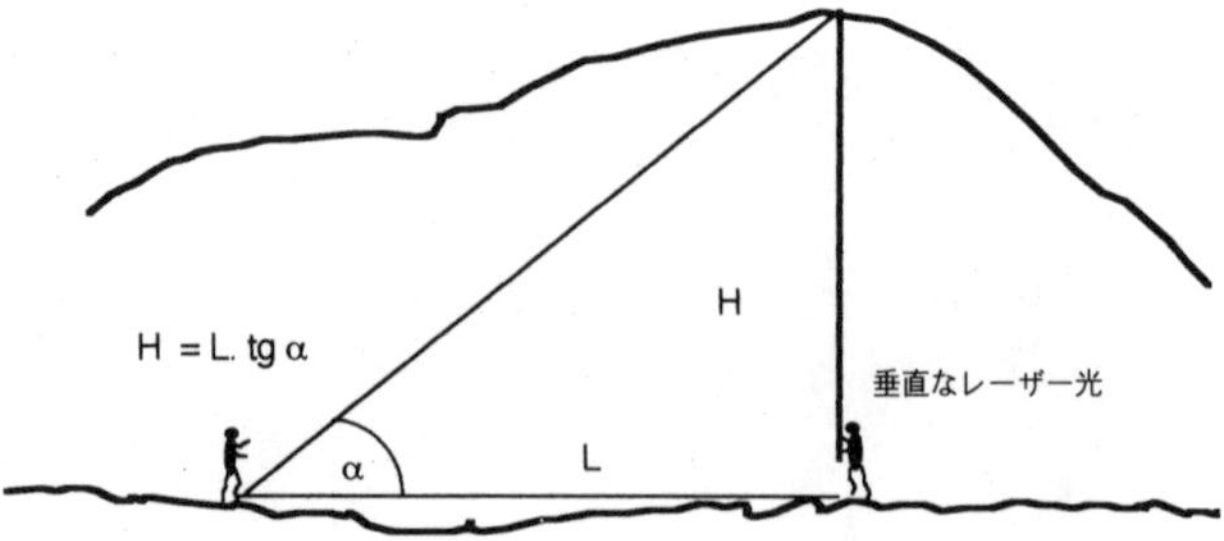

他の方法としては、地上から三角度を測るものがある。会議用のレーザー・ポインターをクリノメータに固定するか、水準器に固定して、アシスタントから垂直に天井にレーザをあてる。測量者は、アシスタントと自分との距離と角度および光点との角度を測る（図19）。

反射板のないレーザー距離計は、価格が下がってきており、一般の人にも入手しやすくなっている。

ワイルド型レーザー距離計は赤色レーザー光を用いているため、測量ポイントを目で確認することができる。

Ⅳ　報告書の作り方

1　経路図

測量データが得られて初めて三角法で計算され、

次に、図面化される。洞窟は、北と東の二軸か、北と東および高度の三軸の座標上にプロットされてゆく。コンピュータがこの作業をきわめて簡単なものとしている。プログラム可能な計算機と方眼紙が、この調査の道具一式である。ラップトップ・コンピュータがこれら面倒な作業を完全に省いてくれている。図20は、上記に示した三角法を用いて、方眼紙上への経路図面の作成の例を示したものである。

2　洞内の特徴の記述

経路のまわりの壁の形や、空洞の特徴の詳細を記録しておかなければならない。測量者の観察力がそのままあらわれる。この作成については作図者の力量がためされるし、ある種の意匠力や表現力が必要になる（図21、22）。

いずれにしても、測量図は、あくまでも道具であるということを心にとめておくべきである。作成者より、むしろ他の人が見てわかるものでなければならない。再生するときの寸法があるがままの詳細を正しく示すというのはまれである。測量作業を標準化するために、洞窟の要素を示すためのいくつかの規則や記号が、一九七八年に国際洞窟学連合により定められている（図23参照）

3　断面図

洞窟は、一般に断面で表現される。垂直面への洞窟の投影であり、方向でいろいろの変化がある場合には、いくつかの垂直面への投影を示す。投影図は、描いたものから幾何学的に得たりすることもあれ

地形記録

基点	区間長	傾斜角	方位角	左側の長さ	右側の長さ	地上からの高さ	天井の高さ	スケッチ
0-1	L1	P1	A1	lg0	ld0	s0	v0	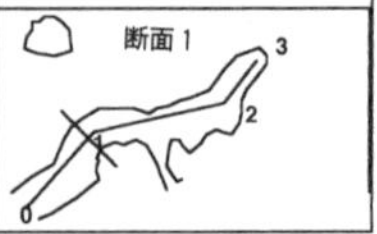
1-2	L2	P2	A2	lg1	ld1	s1	v1	
2-3	L3	P3	A3	lg2	ld2	s2	v2	
3				lg3	ld3	s3	v3	

展開立面図

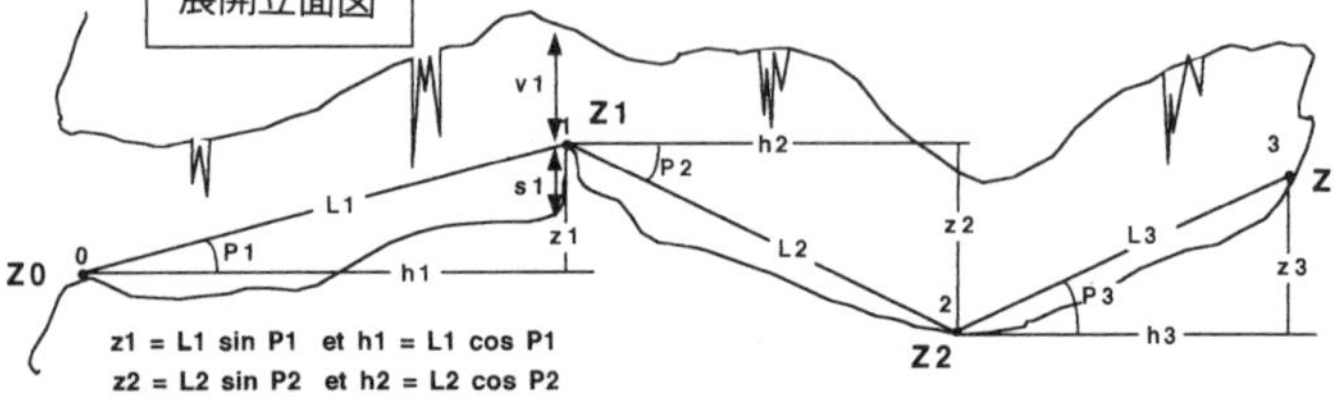

z1 = L1 sin P1 et h1 = L1 cos P1
z2 = L2 sin P2 et h2 = L2 cos P2
z3 = L3 sin P3 et h3 = L3 cos P3

高さ Z1 = Z0 + z1 ; Z2 = Z0 + z1 + z2 ; Z3 = Z0 + z1 + z2 + z3

傾斜角Pは水平に対して測られる．上方向は正，下方向は負（ここではz2は負である），方位角Aは北から時計まわりに0度から360度で測定．

北東座標図面での経路の再構成

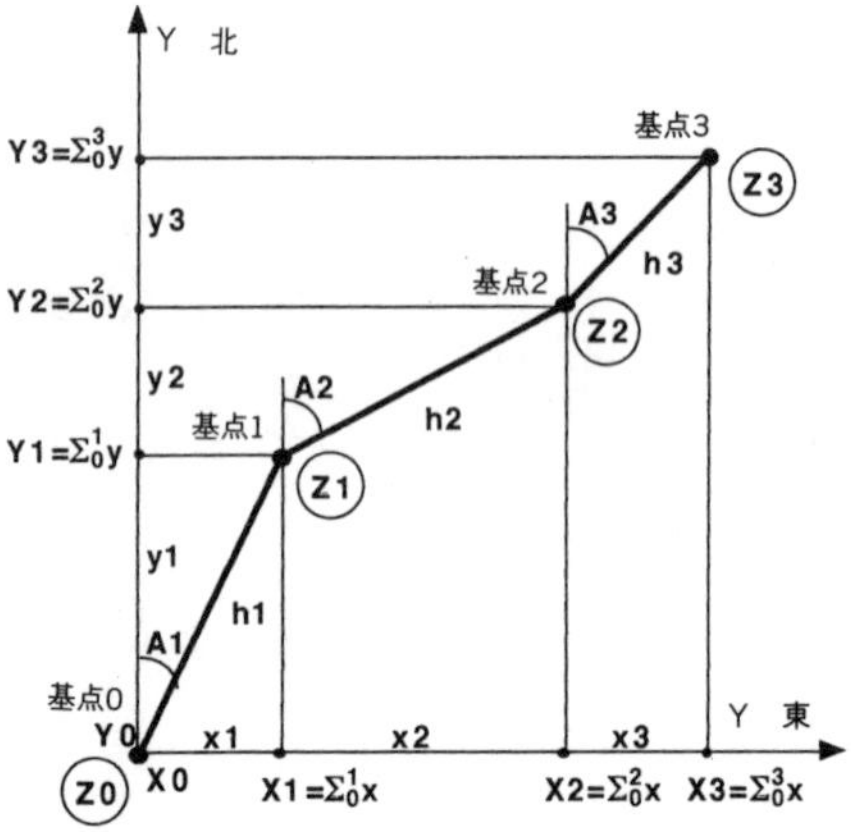

x1 = L1 cos P1 sin A1
y1 = L1 cos P1 cos A1
x2 = L2 cos P2 sin A2
y2 = L2 cos P2 cos A2
x3 = L3 cos P3 sin A3
y3 = L3 cos P3 cos A3

X1 = X0 + x1
X2 = X0 + x1 + x2
X3 = X0 + x1 + x2 + x3

Y1 = Y0 + y1
Y2 = Y0 + y1 + y2
Y3 = Y0 + y1 + y2 + y3

図２０　測量明細

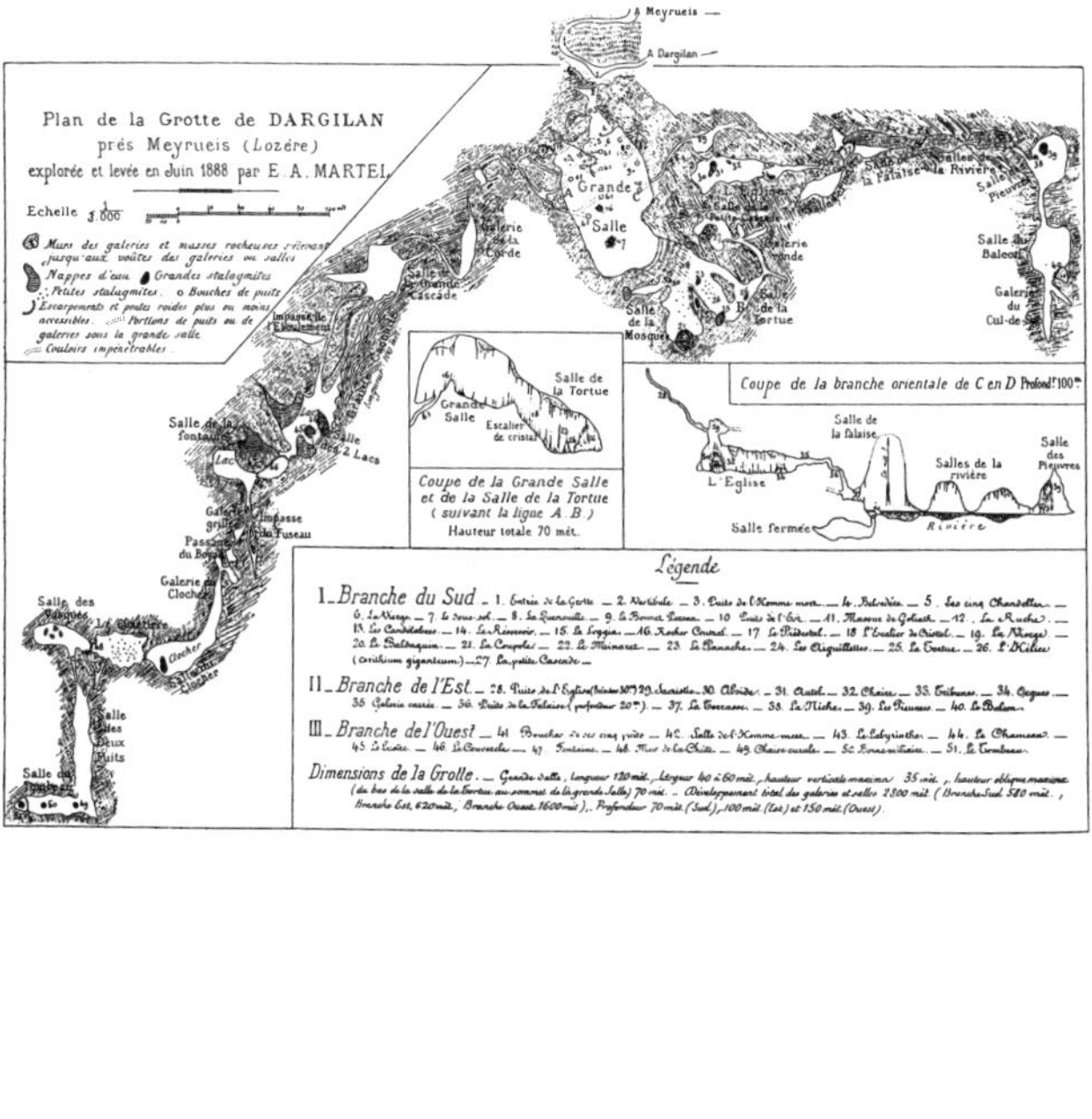

図２１　1888年マルテルによるダージラン洞窟の図面

プドウレイ洞窟
エタロン地方　　ドゥブ県

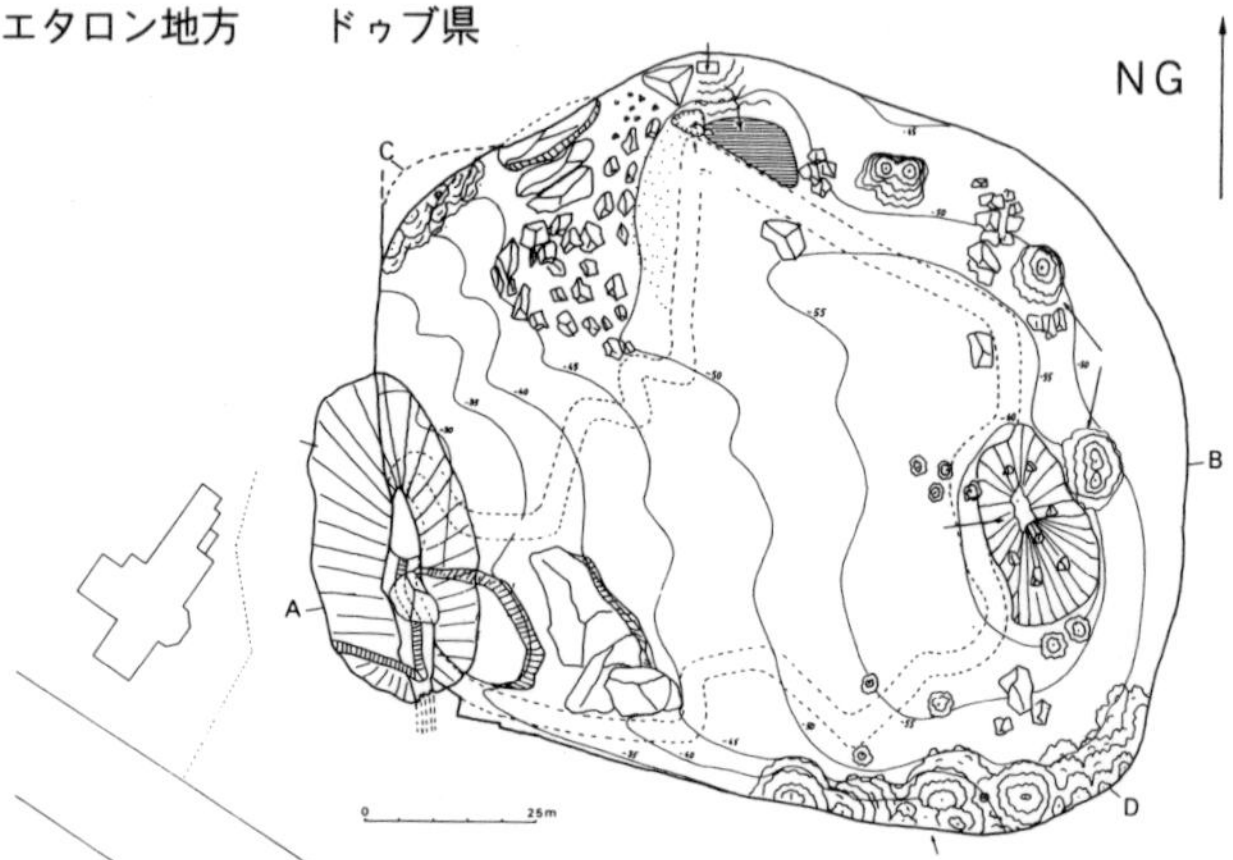

図２２　現代の図面からの抜粋（洞窟案内の図面より）

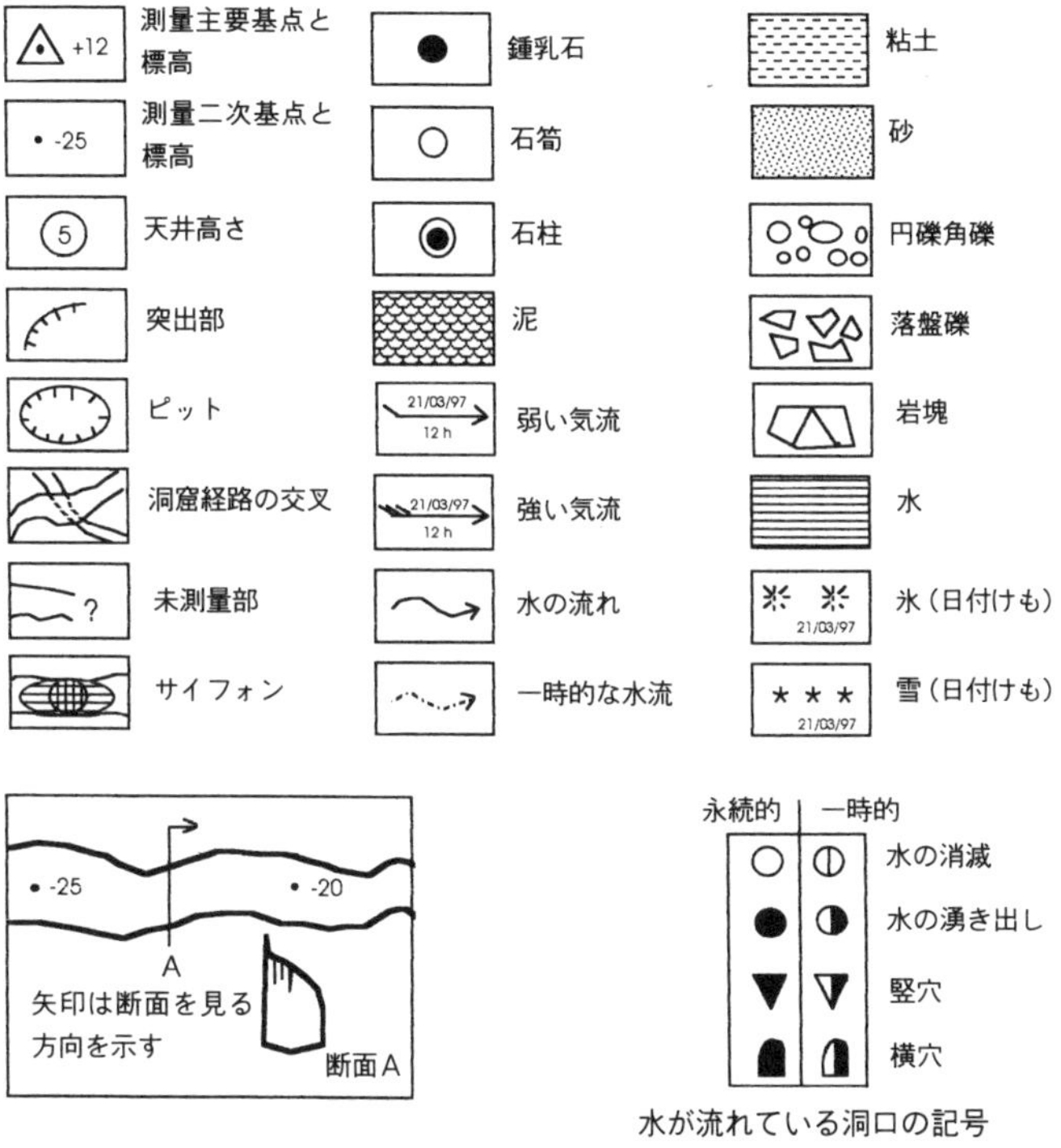
+12
測量主要基点と
標高
鍾乳石
粘土
-25
測量二次基点と
標高
石筍
砂
5
天井高さ
石柱
円礫角礫
突出部
泥
落盤礫
ピット
21/03/97
12 h
弱い気流
岩塊
洞窟経路の交叉
21/03/97
12 h
強い気流
水
?
未測量部
水の流れ
21/03/97
氷（日付けも）
サイフォン
一時的な水流
21/03/97
雪（日付けも）
-25
-20
A
矢印は断面を見る
方向を示す
断面A
永続的
一時的
水の消滅
水の湧き出し
竪穴
横穴
水が流れている洞口の記号

図２３　地下測量で使われる則図記号

図２４　同じ洞窟の投影図と展開図

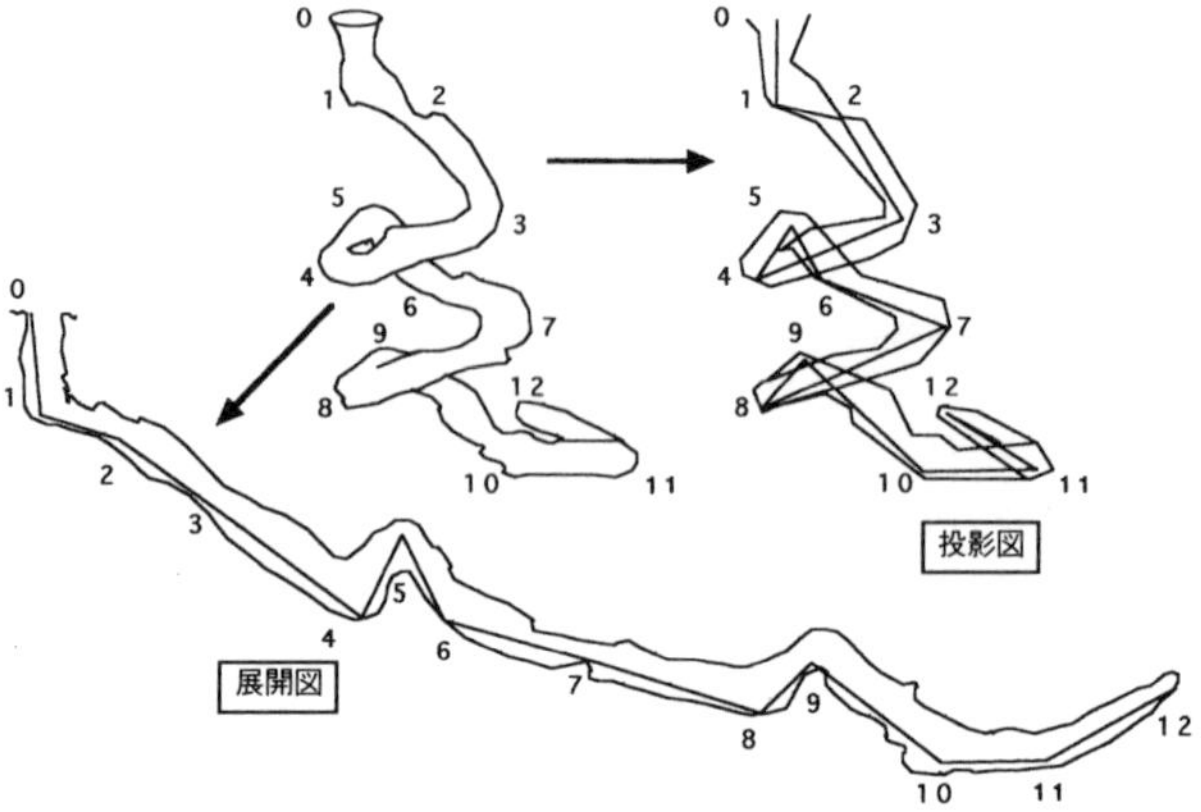

ば、あるいは測量データから計算してつくることもある。洞窟学者は、洞窟を表わすにあたり、しばしば長手方向に展開した断面図を作成する（図24参照）。これは、曲折した洞窟を、長さ方向に引き延ばした形で描いている。このようにして、調査の垂直の道筋が完全に可視化できるのである。このような方式の作図があれば、入洞して前に進むためにはどのような道具が必要であるかが、一目で判断できる。この図は、どのような装備が必要かをよく表わしているのだけれども、他の使用目的には利用することができない。洞窟に関して、一般に発表される図面がたった一枚だけという場合が多いが、残念なことである。

V　測量プログラムソフト

図２５　TOPOROBOTによる洞窟図面

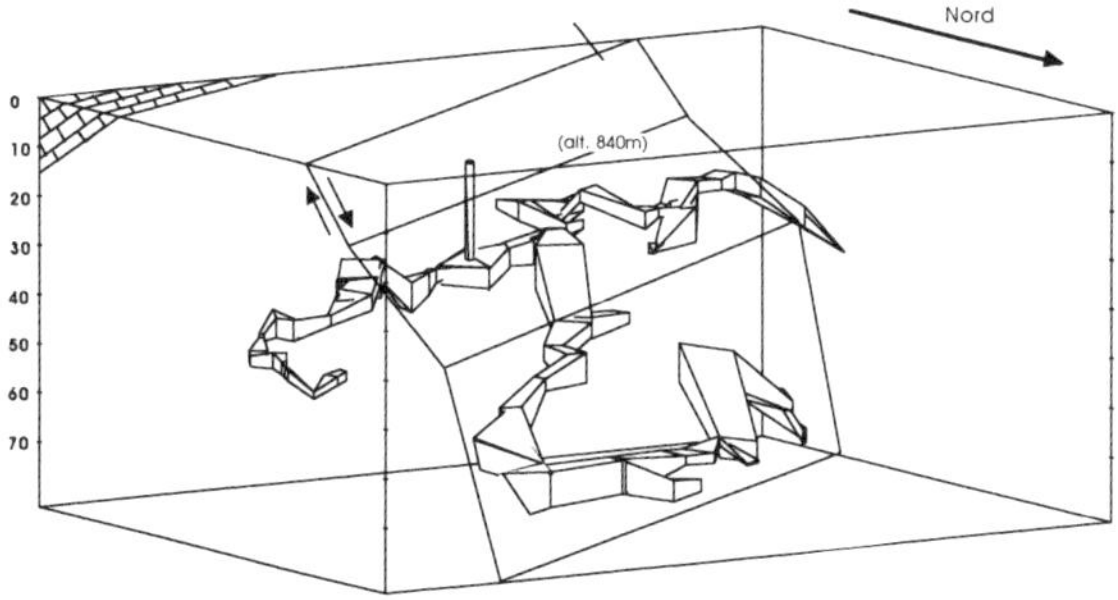

最近では、ウィンドウズかマック版の地下測量プログラムソフトが手に入る。ヨーロッパでよく知られているものの一つは、ＴＯＰＯＲＯＢＯＴといわれるもので、スイスで開発された。このソフトはユーザーたちによって作られた「ＴＯＰＯＲＯＢＯＴユーザー・グループ」によって、絶えまなく改良が加えられている。コンピュータのスクリーン上に三次元で空洞形状を再現することができる（図25参照）。いろいろな尺度で空洞を可視化できるだけでなく、立体図面を回転させて、いろいろな方向から見ることができるし、洞窟群として大きなスケールで相互の洞窟のつながりや相対位置を把握する作業も可能である。このソフトにより、洞窟の測量データの管理も行なうことができる。

Ⅵ　測量の精度

いままで記した方法と道具は、地下世界で得ることができる知識を基礎においている。測量によって洞窟を記述することができるが、測量は、同時に、洞窟の到達記録を正当化するための記録でもある。到達記録を更新することは、洞窟探検のあくなき動機づけとなっているのである。深度二〇〇〇メートルを目指した挑戦が、いま、始まっているのである。

毎年、記録は塗り替えられている。記録の更新を唯一の目的として、竪抗の高さや、ディギングで少し広げたり、数メートル単位で潜水距離の長さを競ってみたり、ライバルを気にしている。確かに、それがたくさんの発見や手柄をもたらしているのであり、そのことがけっして悪いとはいわないが、いずれにしても、測量の精度をよく頭に入れておくべきと思われる。実際、数キロメートルも長さがある洞窟では、測量精度が数パーセントで、しかも数百という基点があるのに、高度差の数メートルを争ってどのような意味があるのだろうか。

深度一五〇〇メートルの穴に対しては、よくてもせいぜい、その精度は一五メートルでしかないのである。

1　装備に起因する不正確さ

使用される道具は、角度で二分の一度、長さで一センチメートルまで測るのが可能であるが、使用される環境や条件を考慮する必要がある。コンパスや羅針盤は、近くにある金属塊に感応する。めがね、スケール、ヘルメット、肩帯、カラビナで、二〜三度の誤差を生じる。そのほか、毎年、磁場の傾斜が変化するため、数年にわたって計測される場合、重大な結果をもたらすこともある。

スント製コンパスについては、計測するとき、両目を用いる。片目で一点を狙い、もう一方の目で装置のほうを見る。両目の隔たりにより、誤差が発生する。遠距離では無視できるが、近距離では無視できないため、充分な較正を行なう必要がある。

巻き尺は、リボンを充分にのばした状態で測る必要がある。トポフィル（測量用糸巻き）は、それぞれの糸に対して同じ張力で較正を行なう必要がある。

また、超音波によって距離を測る場合には、まわりの湿気によって音速は変化するので注意が必要である。

2　明細作成時に起因する不正確さ

測量の方法は重要である。それぞれの基点がすべてはっきりと固定化されているわけではない。点といっても、数センチメートルの直径範囲の領域を示す。傾斜の強い場所では、コンパスは水平な場所で使うべきものなので、目標を狙う作業は難しい。トポフィル（測量用糸巻き）と巻き尺は、均一な張力で引っ張られるのはまれである。暗闇のなかで、計測すべき的を完全に見るのは難しい、とくに、アシスタントのライトが測量用の指標となるため、さらに不確実さが含まれる。多くの事柄が誤差の原因となっている。

したがって、通常の地下での測量においては、数パーセントの誤差が生じるのは当然なことと考えるべきである。

3 周回と測量誤差

洞窟のなかで、回廊がぐるっとまわって再び同じ場所に戻る場合、測量は、その精度が試されることになり、同じ点にくるかどうか、いつも気がかりなものである。二つの経路とも注意深く測量されていれば、重なるはずである。しかし、そのような一致は、ほとんどないといってよい。作図ソフトでは、一般に、すべての基点に誤差が配分されるような配慮がなされている。もしも何の周回もない場合、すなわち、単一の通路の場合は、入り口から底部に向かって測量し、次に底部から出口に向かって測量すればよい。

たくさんの開口部がある洞窟では、セオドライトで地表で測量すれば、それだけたくさんの入り口における正確な周回値が得られる。

測量精度の基準が、一九五〇年に、英国洞窟研究グループにより提案され、そののち、英国洞窟研究協会によって見直されている。

表１０　英国洞窟研究協会による精度の基準レベル

1. 尺度の入っていないメモ程度のスケッチ
2. ざっと見てかかれた概略図
3. コンパス，および巻き尺または歩幅で計測した初歩的なもの
4. コンパス，クリノメータ，デカメータまたはトポフィルによる測図
5. コンパス，クリノメータ，スチール製巻き尺による測図
6. 地上固定のコンパス，クリノメータ，スチール製巻き尺による測図
7. セオドライトによる測図

a：記憶による，b：推定による，c：計測による，d：各基点での計測による

数字は長さに対する精度のレベルを，アルファベットは幅に対する精度のレベルを示す.
よくある例は4bである.

Ⅶ　位置の測定

1　洞口の位置決め

フランスでは、伝統的に、洞窟ではランベール座標紙を採用している（一キロメートルが一目盛りの碁盤目からなる国立地理院の測量用紙）。洞口からは、コンパスでいくつかの目立つ場所を目標とし（山、鐘楼）、気圧計で高度を測定する。用紙の上に、磁場の傾斜値を補正して写す。ＧＰＳ（人工衛星による位置決定システム）の使用が一般的になり、おそらく、もっと頻繁に地理上の座標を決めるのに使われるであろう。

しかし、ＧＰＳの精度は、軍事目的の使用を避けるために、意図的に数十メートルまで落としてあるし、用紙の碁盤目がＧＰＳの座標系の位置からずれていることもままあるのは心にとどめておくべきである。

作業を行なうときに、その座標系を確認しておくことは必要である。GPSは、あまり起伏に富んだ場所では利用できなくなる。

2　深度の標定

アクセスするのが難しいような洞窟網、たとえばサイフォンが入り口のすぐそばにあったり、狭隘部分が数珠つなぎになっていたりするところでは、もしもどうしても測量しなければならないとしたら、表面に近い洞窟網の一部を外から垂直に穴掘りするか、洞窟の障害物を取り除くかする。地下水脈を掘り当てようと、垂直な穴をあけるのと同様の方法である。到達領域の正確な位置決定が重要であり、地下で注意深い測量を行なってみても、その作業を成功させるためには不充分な精度しか得られないときには、幸い、充分に証明された位置決定の方法がある。

最も精度がすぐれて、また最も高価であるが、強力な磁場を発生するシステムを洞窟網に入れ、地上から磁力計で測る方法がある。

もっと手近な方法では、高周波測量が、洞窟学者によって開発されて、専門雑誌で紹介されている。高周波発振器が固有の信号（ビービー音）を発信し、それを地上の受信機で受ける。もしも地下に置かれた発振器のアンテナが完全に水平であり、地上の受信機の受信アンテナ（フェライト）がぴったりと水平であれば、発振器の上を通り過ぎる瞬間に、信号は相殺される（図26参照）。この方法によりレウーヌの洞窟（ロット県）（一九九二年）で、一〇〇メートルの岩を貫通した測量が可能であった。

図２６　地表での電波による位置標定

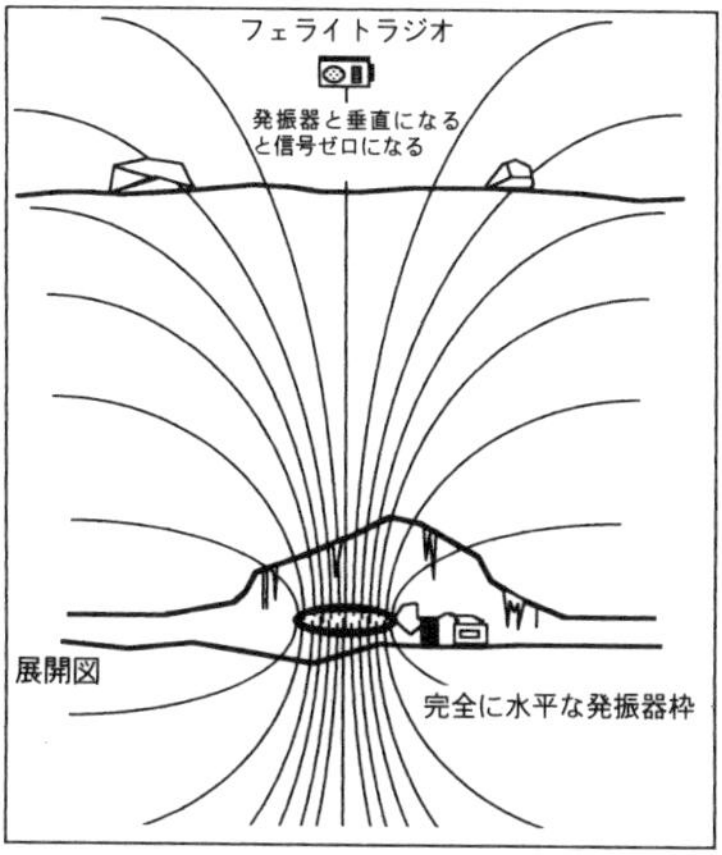

VIII　将来の技術

1　データの処理

反射板のないレーザー距離計は、高価であるが、価格は下がりつつある。この道具は、近い将来、洞窟探検でさかんに使われるようになるだろう。最近では、数値が表示されるコンパスやクリノメータが出回っている。読みやすいし、測定データを記憶させておく可能性もある。

これらすべての装置では、データをメインメモリーに保管することができる。しかし、紙はスケッチができるし、記録したものがすぐに見られるし、違う場所の記録もすぐに見くらべられるため、依然として使われるつづけるであろう。

第十一章　写真と映像

I　その特殊性とおもしろさ

洞窟探検者は、地底での写真撮影を行なっておかなければならないことがよくある。コスケ洞窟の発見者であるアンリ・コスケが最初に先史時代の絵画を発見したのは、彼が撮影した写真のなかであった。測量と同じように、洞窟での写真と映画撮影は、外光で見るのと違って、それに適合した機材と技術が必要である。高い湿気や、泥まみれの洞窟は、最近きわめて複雑な電子機器を内蔵するようになった撮影機材にとっては、よい環境とはいえない。しかも、まわりは漆黒の闇であり、照明器具を持ち込むことは必然である。このハンディキャップとも言える照明の条件は、実際は、利点でもあるのだ。撮影者は照明を完全に制御できるし、撮影場面を意のままに構成できるのである。すべてのテクニックをここで記述するのは難しい。経験してみて、最も重要と思われることだけを記述する。

II　地底写真の歴史

洞窟探検が始まって間もない頃、地底の風景は、版画や水彩画で描かれていた。最初の地下撮影は、マグネシウムを用いて、一八六〇年に、ナダールによってパリのカタコンベで行なわれた。当時の機材はとても大きくて（脚立つきの木箱、ガラス製の重くて割れやすい乾板など）地下環境にはまったく適さないものであった。一八八八年にセルロイド製のフィルムが現われて、機材が簡単になった。写真は、出版物の中の版画の原画としてよく使われており、マルテルの出版物のなかの洞窟の版画は、彼のいとこのG・ゴピラの撮った写真を原画としている。照明には、依然としてマグネシウム、アルミニウム、またはジルコニウムの粉末が用いられており、大量の煙りが発生していた。

映画撮影用の巻取りフィルム（二四×二四と二四×三六）が、一九二四年に登場し、次にバルブ方式のフラッシュバルブが出ると、一九三〇年代には多くの興味深い写真がもたらされ、かつ、深い洞窟での活用の道が開かれた。一九三六年に出版された『コースの主要洞窟』には、L・バルサンがライカを使って撮ったたくさんの美しい写真がマルテルによってふんだんに使われている。

Ⅲ　撮影用の機材

1　カメラ

望む写真に対応して、いろいろなカメラがある。調査用の写真には、コンパクトなボディで、防水性で、フラッシュはカメラと一体式のものが不可欠となる。残念ながら、現在ではもう発売されていないが、コンパクトフジカHDSは、防水性をそなえ、機械式で、小さなフラッシュが一体式となっており、たくさんの探検調査写真がこれで撮られている。このカメラと同等に近いものも存在するが、すべて全自動式になってしまい、かつ、丈夫さに欠けるという不満が残る。よく撮影に使われるものは、一般に流通している一眼レフカメラで、二四×三六またはそれ以上のものである。精密な写真を望むときは、反射板つきのカメラを用いる。オートフォーカスが出回り、適当な価格で、すぐれたレンズが付いたものを手に入れることができる。光線量の測定が大変でなくなったので、これらが根づいてきている。カメラにとって、湿気とほこりは大敵である。機械部分にさびを生じさせたり、凝縮した水分が電子回路に付着して動かなくなったり、さらに悪くすると、間違った計測結果を示したりすることもある。機構が単純なほど、洞窟には適している。防水性のニコノスⅢは、いたるところで使われ、試されており、すぐれた光学性能がその特徴である。

2 フィルム

大きなメーカーのフィルムは写真用であろうがスライド用であろうが、品質は優れている。色彩に対する感覚は人によりそれぞれ異なるので、フィルムの選択は個人の好みによる。電子式のフラッシュは冷たい色なので、暖色系を強調するフィルムを使うとバランスがとれる。フィルムの感度は、使用目的により異なる。なにか特別な効果を求める以外では、超好感度フィルムを使うことはすすめない。むしろ、強力なフラッシュを使うことをすすめる。

3 照明器具

地下撮影の基本は、照明が強力であること、軽いこと、丈夫であることにある。一番優れているのはマグネシウムバルブである。マグネシウムバルブは地下で最も適していて、強力であり、使いやすく、色の温度を写し出す。残念ながら、この製品は見つけるのがだんだん難しくなっている。最近は、電子式のフラッシュにとってかわられている。電子式のフラッシュ（ストロボ）にはたくさんの利点がある。ほとんど考慮しなくてよい照明コストをはじめ、かさばらないこと、光量の自動調節、光電管が使えることである。接写する時は、光量調節が計測回路と連動されれば照明の失敗はほとんどない。

普通は、色が少し冷たい感じを与えたり、照明角度が鋭角すぎるとか、壊れやすいとか、いろいろあるが、ヴィヴィタール二八三は、水分に接触した場合でも比較的強いし、壊れにくい。

4 付属品

機材は当然ながら、湿気をよく遮断する容器に入れておくべきである。手袋や、手をきれいにするハンカチももちろん装備の一部である。潜水するときのチューバも、しかるべき洞窟では、いやな曇りをとるのに役立つ。カメラの三脚やワイヤーシャッターも、シャッターを開放して撮影するときに役に立つ。

Ⅳ 地底での写真撮影

1 光量の調節

カメラに到達する光の量は、カメラの絞りの量を決定づけるものであり、光りの強さに比例し、照明すべき被写体と光源との距離の二乗に反比例する。

自動の電子式フラッシュでは、ある一定の絞り、ある一定のフィルムの感度に対して、照らすべき時間中の光量を電子回路が調整し、充分な照明であると判断された時点で、光の供給を停止する。この仕事は、電子回路を通して、被写体に向けて行なわれる。

電球や手動によるフラッシュでは、ガイドナンバーを使う。

表11　照明の違いによるガイドナンバー

シルヴァニア M3	55	自然光
マツダ PF100	140	自然光
シルヴァニア T3	160	人工光
シルヴァニア FF3	320	人工光
フラッシュヴィヴィタール 283	36	自然光
25グラム マグネシウム粉	250	人工光

図27　地底写真撮影における絞りの計算

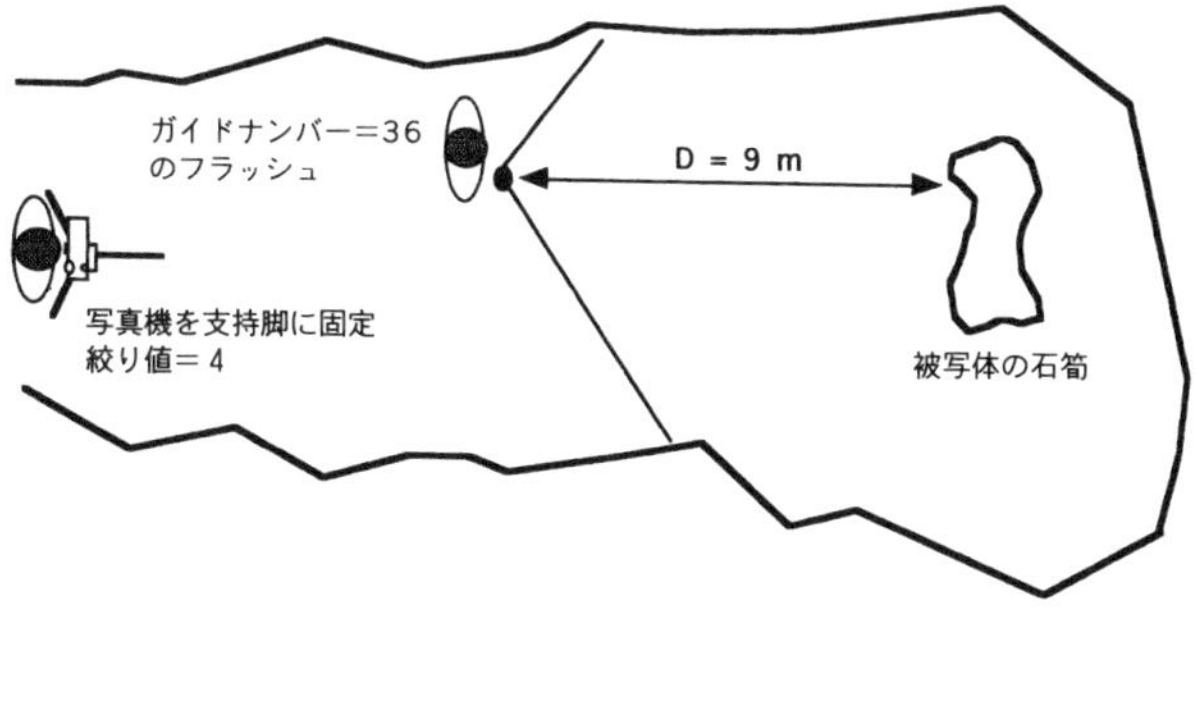

このガイドナンバーは使うカメラやフィルムの感度によってそれぞれかわってくる。製造メーカーによる指定値を確認するとともに、前もってテストをしておくことが必要である。

被写体とフラッシュとの距離によってガイドナンバーを分けて、それによって絞りの値を得る。ガイドナンバー三六のフラッシュや電球（ASA一〇〇のフィルムに対して）では、被写体が九メートルの距離にあれば、絞りは三六割る九で四となる。

逆の計算も、当然ながら可能である。絞りを四にしたい場合には、被写体を九メートルの距離に置けばよい（図27）。

2　一般事項

フラッシュが一個しかない場合は、ケーブルなどを使って、カメラから三〇センチメートル程度はなすこと。一つだけの照明だけでは被写体を扁平に見せてしまうので避けること。写真に立体感を与えるためには、被写体に加え、背景も照らすようにする。

湿気による凝結を避けるために、機材は、まわりの温度にならしてから使用すること。

色あいの尺度とするために、撮影範囲のなかに、必ず、色のついたものを置くか含めること。

3　インスタントカメラ

フラッシュと一緒に、密閉された箱のなかに一体となっておさめられている。被写体から数メートルはなれる必要がある。息の湯気を撮ってしまわないように、撮影するときには呼吸を止めることに留意する。光りを柔らかくするために、フラッシュの前にディフューザをつけることもできるが、その場合には光の強度を失う。

4 オートマカメラ

密閉された頑丈な容器のなかに、フラッシュとともに一体化されている。フラッシュは、一つかあるいは他のフラッシュを光電回路によりシャッターと連動して、遠隔操作でフラッシュを点火することができる。カメラのフラッシュが他のフラッシュを点火させる。フラッシュを逆光に対しても使うことができるが、光りは見せかけだけのものになる。いい焼きつけも容易にできる。

5 オープンフラッシュ技術

カメラを三脚で支持し、そのままの姿勢を保つ。レンズの前に、キャップまたは黒い布をかぶせる。照明を当てる人が照明現場を移動しながら、それぞれ照らすべきポイントに順繰りに光をあててゆく。光を当てたあと、次に光を当てるまで、レンズはキャップまたは黒い布でおおっておく。焼きつけた写真は、したがって、つぎつぎと照明された場所を写し出す。この手法は、フラッシュバルブであれストロボであれ、地下の景色を撮影するのによい結果をもたらす。

6　詳細写真

鍾乳石や石筍などの造型物の写真を近くで撮るときは、カメラのレンズを通して行なわれるＴＴＬ方式の自動調光を使えば、光量の調節は容易である。光をやわらげるためには、白い反射板（紙でよい）を置くだけでよい。

7　地下の大空洞

大空間に使えるバルブは現在ではもう市販されていない。チャンスがあれば、昔のストックを入手できるかもしれない。唯一の現実的な解は、照明用の火薬をつくることである（写真8）。五〇パーセントのマグネシウムの粉末と、五〇パーセントの硝酸バリウムの混合物を使えば、非常に強力な照明を得ることができるが、多量の煙りの発生、爆発、そして地下環境の汚染の危険性がある。点火は、火薬のなかにつっこんだ装置で、遠くから離れて行なう。花火の電気点火装置や導火線が適切だが、電線に連結したバルブ、あるいは小さい爆薬も使える。

人工照明とのバランスのとれたフィルムを使う必要がある。エクタクローム六四タングステンに対して、ガイドナンバーは$42\sqrt{P}$である。Ｐは重量を示しグラムである。

混合した火薬の比重は一である。計量は体積で行なう。前もってそれぞれの計量を行なっておくことが望ましい。フィルムつきのボックスカメラがかなり役に立ち、ガイドナンバーは二一〇が得られる。

写真８　閃光粉で照明されたベルナチェンバー

V　地底での映画撮影

1　機材

機器の値段が高いこと、大きくて邪魔になることなど、いろいろな困難があって、地底の映画は、海中の映画とはちがって、ほとんど日の目を見ることがない。映画が製作されるのは売れるという算段があってのことである。海中の美しい映像はつねに憧れをもたらすが、汚れた服を身にまとった髭もじゃの男がメディアを征服したことはいまだかつてない。洞窟映画を撮影するための予算が獲得できないのは、このためである。それにもかかわらず、おもしろい短編映画を作成している人は存在する（M・イシャク、J＝P・バティゼ、G・ファーブル）。

幸いにも、ビデオが、この分野では革命をもたらしている。適度な値段で、プロ仕様に近い性能を持ったHi8やデジタルビデオを手に入れることができる。しかし、重要な問題は、きわめて湿気に敏感であることだ。昔の、機械式の16ミリカメラは、水たまりに落としても、依然として動いていた。最近の機械では、そうは行かない。

照明は、ハロゲンランプを使い、光束を広げて、まわりをぼかすように当てる。

市販されている照明装置は、高価で、洞窟にはほとんど不向きである。ただし、潜水用のニッケルカドミウム電池の照明装置は別である。むしろ、一二ボルトのハロゲンスポットライトを自分で細工したほうがよい。また、ヘルメットにもつけることができ、地下環境では使いやすい。ポータブル型鉛ゲルバッテリーであれば、五〇ワットの照明で六〇分使うことができる。ある種のスポットライトは反射板を持っており、ランプの前面に熱を放散することができ、支持架台の加熱や融解を防ぎ、連続的な使用が可能である。

2 撮影

撮影は、照明する者より、むしろ撮影範囲をきめる者によって成否が決まる。照明が少なくても撮影はできるが、照明が多いほどよい映像が得られる。スポットライトを壁にあまりにも近づけすぎると、画面が焼けてしまう。オートフォーカスの使用はほとんど不可能である。よく訓練された撮影チームであれば、映画撮影は、写真を撮るよりも迅速にできる。実況放送が探検の邪魔になることはめったにない。映像の調整はその場でできるので、撮影に失敗したらすぐ取り直しができる。密閉できる容器を使えば、サイフォンのなかでも撮影が可能である。

第十二章　探検成果の文書化

I　出版物

団体の定期刊行物

その洞窟の測量図が出版されない限り、その洞窟は公式には存在しないことになる。したがって、多くの洞窟関連の団体は、会報を出版し、そこに洞窟の図面や、研究報告を載せている。作成者の資金調達手段にもよるが、多かれ少なかれ、編集は豪華なものになる。定期刊行物の交換により、団体間に情報が伝達される。一般には、大きな団体のみが、こんにちまで、定期的に刊行物を出版している。フランス山岳クラブの関連部門では、五、六〇年前から、定期的に刊行物を発行している（『グロットとグッフル』『スペレオロジー』……）。

小型情報機器の発展のおかげで、定期刊行物の体裁はだんだんとすぐれたものになってきたが、郵送コストが、広範な普及の障害になっている。幸いなことに、より広く全国レベルでの情報の普及を可能にする定期刊行物が存在する。フランス洞窟連盟が発行する二誌のうち、『スペランカ』は洞窟のさまざまな分野を網羅し、『カルストロジア』は科学的な記事を網羅している。三か月おきに出版される『スペレオ』はすぐれた独立レビュー誌で、フランスでは第一級の洞窟雑誌と見なされている。ただし、どの雑誌も、キオスクなどでは販売されていない。〔日本では、日本洞窟学会より年三回ケイビングジャーナルと年一回洞窟学雑誌が発行されている〕。

Ⅱ　洞窟の目録

1　全国的な目録

自国内の洞窟すべてを目録にまとめようとする国はほとんどない。一九六〇年代に、中国が軍事目的のために、目録を作ろうとした。フランスでは、公共事業の役割の一つとして、鉱山地質調査所に地下資源の目録作成の任務が課せられた。水源、鉱山、坑孔、および石灰洞窟が、公式的に国の目録に記載されはじめた。しかし、この膨大な作業は、すぐに資力が尽き、とりやめになってしまった。幸いにも、篤志家が取って代わって行ないつづけ、多かれ少なかれ、それぞれの地方では成功している。

2　地方的な目録

大きなクラブほど多くの発見をしているので、ふつうは洞窟の目録を保持している。それは探検された洞窟の図面の単純な分類であったり、内部出版物であったりするし、あるいはもっと広く普及している出版物だったりもする。クラブの目録は徐々に情報化されつつあり、インターネットやミニテルでアクセスが可能なものがある。

III サイバー洞窟学

1 インターネット

洞窟学も、インターネット現象から逃れることはできない。衛星ネットワークによって、以前とは比らべられないほど、情報の豊富な伝達が可能になっている。まばたきするかしないかの一瞬のうちに、外国の仲間とコンタクトがとれ、地球の反対側の石灰地域に関する情報を収集することができる。探検の準備や、おまけに、バーチャル洞窟も見ることができる。人間的な接触がなくなるというのでなくてむしろ、使用者および作成者にとって、インターネットによる接触は、すぐに、本当の出会いや現地の洞窟研究の糸口を開かせるのである。インターネットは確かに、国境を撤廃する一歩である。

この分野ではアメリカが進んでおり、そのあとに英語圏の国が続く。先駆者に敬意を表して、英語がネットワークでは支配的である。インターネット上を渡り歩くと、確かに、多くのアメリカ、英国、オーストラリアのサイトに出会う。幸いにも、フランスでも遅ればせながら、情報の高速道路網が整備されてきた。フランスのサイバー洞窟学も順調に発展してきている。
こんにちでは、ネットワーク上で、ほとんどすべてを見つけることができる。
INRIA（フランス国立情報化自動化研究所）の洞窟学部門のようなすぐれたサイトは、全世界の関係者への橋渡しを行なっている。
このサイトから、容易に、以下の情報にアクセスできる。
——洞窟の基本データ
——協会または個人の活動報告の発表
——データやプログラムを通信によって受信できるFTPサイト
——行く予定の洞窟のバーチャル情報
——測量図とイメージの収集
——用語辞典
——電子図書
——伝言板
——メールリスト（ネットワークにつながった洞窟関係者のリスト）
——議論のための会議室
——機材のカタログ
——予定の通知（会議、集会、フェスティバル）

2　インターネットのアドレス

以下のアドレスは、変更されているかもしれないが、多くのサイトがネットワークで結ばれているので、変更後も容易に見つけることができる〔日本洞窟学会のホームページ（http://www.netlaputa.ne.jp/~ssj/）にアクセスすれば、日本のみならず世界の洞窟関連サイトにリンクがはられている〕。

一般的サイト

――ＩＮＲＩＡの洞窟学部門のサイトであり、サイバー洞窟学にとってすぐれた入り口となる。
http://www.inria.fr/agos-sophia/sis/sis.fr.html

――シェリー・マイヨのサイトで、伝言板もある。
http://rschp2.anu.edu.au:8080/cave/cavelink.html

組織

――スイス洞窟学会
http://www.geo.unizh.ch/~heller/sss/index.html

――ベルギー洞窟協会
http://www.rtfm.be/ubs/

——アメリカ洞窟学会

http://www.cave.org/~nss/

——イギリス洞窟探検協会

http://www.bcra.org.uk/

——国際洞窟学会、イベントカレンダー

http://rubens.its.unimelb.edu.au/~pgm/uis/

——フランス洞窟学校

http://www.insa-lyon.fr/Labos/CASM/EFS/

機材

——ペツル製品カタログ

http://www.infosphere.com/petzl/produits/dir/index.cave.html

測量図

——測量図作成ソフト

http://chert.lmu.ac.uk/pub/chert

——測量図作成ソフトTOPOROBOT

http://www.geo.unizh.ch/~heller/toporobot/

——測量図作成ソフトCOMPASS

http://www.usa.net/~lfish/compass.html

——測量図用共通シンボル

http://www.olsen.ch/~devon/uis/misc/praezis/

リスト

——世界の大洞窟のデータベース

http://www.inria.fr/agos-sophia/sis/DB/database.fr.html

——地方支部の洞窟探検家リスト

http://www.inria,fr/agos-sophia/sis/SFR/speleo-fr.html

出版物

——レビュ・スペレオ

http://perso.wanadoo.fr/lhfage.speleo

——ショーベ洞窟

http://www.culture.fr/culture/gvpda.html

3　バーチャル洞窟

自宅にいながらにして、洞窟の研究を行なうことは、現在ではもはや不可能なことではない。フランス電力は、一九九五年に、コスケ洞窟を数値化して三次元画像を製作する事業に参加した。この伝説的な聖域にある旧石器時代の絵画は、入り口がカランク地方の地下三六メートルにあるため、特別な許可を受けた潜水士しか入って見ることができない。一般の人はけっして入ることはできないのである。そこで、ほとんど洞窟すべてのなかを、レーザー距離計を備えたビデオカメラで写し取って、何百万というポイントが数値化された。洞窟の壁や構造物が具体的に三次元で表現され、イメージには陰影がつけられ、起伏をはっきり見ることができるようになった。パソコンでマウスを使って、みずから移動しながら、洞窟を探検することができるのである。いろんなオブジェの裏側を見るためには、視点を天井の高さに置いたりすることもできるし、海水で覆われているところでは海水を取り除いたりして見ることができる。

コスケ洞窟
http://www.culture.fr/culture/archeosm/imatges/archeosm/img0013.html
http://www.edf.fr/DER/en/docs/yellow/graph/imagin94/imag94.html

終章　洞窟探検の心得

洞窟の世界は、誰でもが近づけて、しかもお金をかけないで、わくわくするような冒険が楽しめる地球上で唯一の場所である。

すぐれた道具や技術のおかげで、洞窟探検は一段と盛んになり、その成果として、たくさんの発見がもたらされている。遠方の熱帯地域の探検がとくに好まれているようであるが、一〇〇年以上も探検し尽くされていると考えられているヨーロッパだって、依然として、探検するにすぐれた場所となっている。アルデッシュ峡谷の中心で発見されたショベ洞窟は、毎年、数千人の旅行者が頻繁に訪れる場所であるが、頑固に執拗に訪れるある種の熱心な洞窟探検家にとって、充分報いられる場所なのである。

どんな活動でも盛んになると起きるように、洞窟探検でも、多かれ少なかれ、重大事故に見舞われる。洞窟探検で守るべき重要な規則をここで喚起することは、無駄ではないと思う。

Ⅰ　身の安全

――案内者および何の情報もなしに洞窟に入らないこと。
――体調が万全であり、かつ探検の前には充分に食事をとること。
――けっして一人で入らないこと、理想は三人か四人のパーティーで入ること。
――天気予報を確かめること、嵐の場合は予定を延期すること。
――探検場所を前もってしかるべき人に伝えておくこと。
――能力を過信しないこと、もどる体力を保持しておくこと。
――探検時に、水は規則正しく飲むこと。
――洞窟探検に適応した保険をかけること。

Ⅱ　装備の状態

――よい状態の装備を持ってゆくこと、作動確認した防水性の補助ライトを持参すること。

——水をかぶる洞窟では防水性の衣服を着けること。

——非常着、非常食、非常照明具（ろうそく、電池、燃料）を持参すること。

——ハーネスはもちろん、竪穴用機材は定期的に点検すること。

——機材がすでに設置された洞窟をおりるときは、必要に応じて、ボルトの固定ネジ止めを確認すること。

——ロープの上を歩かないこと、ロープを水洗いしたあとに陰干しを行なうこと、化学物質から遠ざけておくこと。

III　エチケット

——洞窟に入る前に所有者に許可をもらうこと。

——探検が行なわれているところをさまたげないこと。

——とくに、外国で滞在する場合は、地元のクラブに連絡をしておくこと、また、何か発見したときも連絡すること。

——考古学的発見をしたときは知らせること。

——水流をトレースする場合は、役所から許可を得ておくこと。

Ⅳ　環境保護

――手で自然物を取り上げたり、触ったりしないこと。
――探検時に、先史時代の遺物がないか確認せよ。
――最初に探検するときには、目印をつけておくこと。
――コウモリがコロニーを作っているときは入洞しないこと。
――持ち込んだものやゴミはすべて持ち去ること。
――探検にどうしても必要でない限り、破壊しないこと。
――アンカーは自然の係留箇所を選ぶこと。
――あまり頻繁に同じ洞窟に入らないこと、場合によっては洞窟を施錠すること。

訳者あとがき

本書はEric Gilli, *L'exploration spéléologique et ses techniques* (Coll.«Que sais-je?» n°3362, P.U.F., Paris, 1998)の全訳である。

著者であるエリック・ジッリ氏は地質学者で、現在パリ第八大学の教授である。また、ニースのカルスト研究センターの所長を一九九二年以来勤めている。若いころから、洞窟探検、ダイビング、および洞窟写真に興味をもち、ニース大学で地質学の修士課程を修了し、フランス電力地質担当勤務を経て、マルセイユ大学で地質学博士の学位を取得している。最近は、石灰洞窟の鍾乳石における地震の影響の研究に関心を寄せている。主要な著書としては、本書以外に、同じクセジュ文庫に、未邦訳であるが『洞窟学』、『地下河川』がある。洞窟研究のため、世界中(四大陸および島々)を精力的にかけまわっている。

訳者がこの本に出会ったのは、一九九八年に出版されて間もなくのことである。洞窟探検に行くときポケットにしのばせておけるハンディーさがあり、しかも内容が充実しており、初心者向けにとてもよい本であると思われた。

出版から四年を経た現在、洞窟の深度記録や最長距離は日進月歩ですでに塗り替えられているものもあるが、本文の内容は依然として新鮮である。また、日本洞窟学会のホームページにアクセスすれば、世界中の洞窟関連サイトとリンクがはられているので、最新のニュースを入手することが可能である。さらに、読者が近くの洞窟探検クラブや研究会に入会したり、初心者講習会に参加したいと考えたならば、日本洞窟学会のホームページには日本国内の洞窟関連のサイトのリストが網羅されているので、そこに問い合わせるとよい。

訳者

二〇〇三年一月

用語解説

a b c

GPS：人工衛星が送信する電波を利用した全地球的な測位システム.
PVC：ポリエステルやナイロンの生地にビニールコーティングしたもの.
SRTロープ：スタティックロープとも呼ぶ. 伸縮率の低い竪穴下降用ロープ.

ア行

アーティフィシャルアンカー：ロープを固定するボルトなどの人工物.
アメリカンスタイル：リビレイをしないでローププロテクターを使うリギングスタイル，アメリカで発達した.
アッセンダー：ロープを登るための登高器.
アルパインスタイル：岩の接触をリビレイなどで避けるリギングスタイル，フランスで発達した.
アンカー：ロープを固定するボルトや自然の岩.

カ行

確保ロープ：安全のための確保を行なうためのロープ.
カラビナ：ロープとハンガーをつなぐ金属器具.

サ行

サイフォン：水没した洞内の通路.
サバイバルシート：アルミ蒸着した断熱性シート. 折り畳め，軽い.
ジャマーシステム：両足を交互に動かして登るSRTシステム.
シングルロープテクニック（SRT）：一本のロープで昇降するための技術.
スタテイックロープ：SRTロープとも呼ぶ. ダイナミックロープより伸縮率は低いが摩擦に強い.
スピット：キリとアンカーをそなえたボルトアンカー（セルフドリリングアンカー）.
セイフティコード：ハーネスとアッセンダーを繋ぐロープ.

タ行

ダイナミックロープ：登攀用ロープ（ザイル）. SRTロープより伸縮率が高い.
チェストアッセンダー：ハーネスに結ばれたアッセンダー.

ディギング：埋まった通路や入り口を掘り起こすこと．
ディッセンダー：下降器．
低体温症：体温の低下による死にいたる症状．
デビエーション：岩とロープの摩擦をさけるための進路変更．

ナ行

ナチュラルアンカー：ロープを固定する岩や樹木等の自然物．

ハ行

ハーネス：体をロープに結ぶためのベルト．
ハンガー：埋め込みボルトに取り付ける穴のあいた金属のプレート．
ピトン：ハーケン．岩の隙間に打ち込む金属ブレード．
ビバーク：緊急あるいは簡易的に野営すること．
ビレイ：ロープを壁などに固定すること．
フォールファクター：落下係数．ロープにかかる墜落荷重を示す．
フットアッセンダー：足かけ（フットループコード）と繋がれたアッセンダー．
プルージック：プルージック結び，ロープの結び方．アッセンダーがない場合，そのかわりに用いる．
ブロッカー：アッセンダーと同じ．
フロッグシステム：蛙のような運動で登る基本的なSRTシステム．
ボルトアンカー：壁面に埋め込んだボルト．

マ行

マイヨン：スクリューゲートのついた金属製リング．
ミッチェルブロッカー：ブロッカー（アッセンダー）の変形．

ラ行

ライフライン：命綱．
リギング：竪穴下降のためにロープを張ること．
リビレイ：岩との摩擦を避けるためにロープを固定しなおすこと．
レスキューシート：アルミ箔などのシートで，ヘルメットの裏側に収納する．サバイバルシートと同じもの．

ワ行

ワイヤーラダー：二本のワイヤーのあいだに金属チューブをつけた，巻取ることができる梯子

訳者略歴
一九七七年東京工業大学大学院博士課程修了
国内外の大学研究所等をへて現在日本原子力研究所勤務
週末は富士山の火山洞窟の調査と研究についやす
富士山火山洞窟学研究会理事、日本洞窟学会評議員

洞窟探検入門

二〇〇三年二月二八日印刷
二〇〇三年三月一〇日発行

訳者 © 本《ほん》多《だ》力《つとむ》
発行者 川村雅之
発行所 株式会社 白水社

東京都千代田区神田小川町三の二四
電話 営業部 〇三(三二九一)七八一一
編集部 〇三(三二九一)七八二一
振替 〇〇一九〇-五-三三二二八
郵便番号 一〇一-〇〇五二
http://www.hakusuisha.co.jp
乱丁・落丁本は、送料小社負担にてお取り替えいたします。

平河工業社

ISBN 4-560-05860-1

Printed in Japan

Q 歴史・地理・民族(俗)学

18 フランス革命
62 ルネサンス
79 ナポレオン
116 英国史
133 十字軍
160 ラテン・アメリカ史
191 ルイ十四世
202 世界の農業地理
245 ロベスピエール
297 アフリカの民族と文化
309 パリ・コミューン
338 ロシア革命
351 ヨーロッパ文明史
353 騎士道
382 海賊
385 アンシァン・レジーム
412 アメリカの黒人
418 年表世界史1
419 年表世界史2
420 年表世界史3
421 年表世界史4
428 宗教戦争
446 東南アジアの地理
454 ローマ共和政
458 ジャンヌ・ダルク
469 ロシア史
484 宗教改革
491 アステカ文明
506 ヒトラーとナチズム
528 ジプシー
530 森林の歴史
536 アッチラとフン族
541 アメリカ合衆国の地理
557 ジンギスカン
566 ムッソリーニとファシズム
567 蛮族の侵入
568 ブラジル
569 地理学の方法
574 カール五世
580 フランスの地理
586 トルコ史
590 中世ヨーロッパの生活
597 ヒマラヤ
602 末期ローマ帝国
604 テンプル騎士団
610 インカ文明
615 ファシズム
620 ニジェール
627 南アメリカの地理
629 ポルトガル史
634 古代オリエント文明
636 メジチ家の世紀
637 ヴァイキング
638 ブラジル史
648 マヤ文明
660 朝鮮史
664 新しい地理学
665 イスパノアメリカの征服
669 新朝鮮事情
675 フィレンツェ史
684 ガリカニスム
685 フランスの民話
689 言語の地理学
691 近代ギリシア史
692 ドイツ軍占領下のフランス
696 マダガスカル
705 対独協力の歴史
709 ドレーフュス事件
713 古代エジプト
719 フランスの民族学
724 バルト三国
731 スペイン史
732 フランス革命史
735 バスク人
743 スペイン内戦
747 ルーマニア史
752 オランダ史
755 朝鮮半島を見る基礎知識
757 ラングドックの歴史
758 キケロ
760 ヨーロッパの民族学
766 ジャンヌ・ダルクの実像
767 ローマの古代都市
769 中国の外交
781 カルタゴ
782 カンボジア
790 ベルギー史
791 アイルランド
798 フランス植民地帝国の歴史
806 中世フランスの騎士
810 闘牛への招待
812 ポエニ戦争
813 ヴェルサイユの歴史
814 ハンガリー
815 メキシコ史
816 コルシカ島
819 戦時下のアルザス・ロレーヌ
823 レコンキスタの歴史
825 ヴェネツィア史

826 東南アジア史
827 スロヴェニア
828 クロアチア
831 クローヴィス
834 プランタジネット家の人びと
842 コモロ諸島

Q 自然科学

Q 社会科学